Rüdiger Linden

Der DATA BECKER Führer

Omikron. *basic*

1. Auflage 1988

ISBN 3-89011-450-4

DATA BECKER GmbH
Merowingerstr. 30
4000 Düsseldorf

Text verarbeitet mit Word 4.0, Microsoft
Ausgedruckt mit Hewlett Packard LaserJet II
Druck und Verarbeitung Mohndruck, Gütersloh

Inhalt

1.   Der OMIKRON-BASIC-Führer

Hauptanliegen dieses Buches ist es, die über zweihundert
Befehle, die Omikron zur Verfügung stellt, nach Anwen-
dungsgebieten zu ordnen. Dies ermöglicht es, die jeweilige
Befehlsbeschreibung nach problemorientierten Gesichts-
punkten aufzufinden.

Omikron-BASIC war beim Erscheinen die schnellste auf
dem Atari ST verfügbare BASIC-Variante, die dazu noch
MBASIC-kompatibel war. Ein Compiler machte die Programme noch schneller und auch ohne Interpreter nutzbar.
Damit kann sich dieses BASIC durchaus mit anderen Com-
pilersprachen messen. Dabei ist die Sprache leichter zu er-
lernen und die Entwicklung von Programmen im Interpreter wesentlich schneller zu vollziehen.

Auch Atari hat die Vorteile dieser BASIC-Variante erkannt
und liefert ab sofort eine etwas abgewandelte Version dieses BASIC aus. Als wichtigster Unterschied soll hier das
Pull-Down-Menü genannt werden, das die Benutzung des
Editors erheblich erleichtert. In diesem Führer wird auf
beide Versionen eingegangen.

1.1   Zu diesem Führer

Dieser Führer ist so aufgebaut, daß Sie zum einen über das
Stichwortverzeichnis (Seite 228) sowie über die Quick-
Reference (Seite 11) zum gewünschten Ziel kommen. Da
die Befehle nach Sachgruppen geordnet sind, bietet sich bei
der Suche nach Problemlösungen das Inhaltsverzeichnis ab
Seite 7 an, um schnellstmöglich zum Ergebnis zu gelangen.

Im diesem Führer sind folgende Vereinbarungen getroffen
worden:

In vielen Befehlen können Parameter weggelassen werden.
Nicht unbedingt notwendige Parameter werden in eckigen
Klammern [ ] angegeben.

Grundsätzlich sind in der Syntaxbeschreibung alle Befehls-
namen in Großbuchstaben, alle Variablen, Parameter und
Strings in üblicher Schreibweise dargestellt (z.B. SORT
Feld).

1.2   Omikron-BASIC - eine Übersicht

Editor

Debug-Befehle

Eingabe-Befehle

Maus-Abfragen

Ausgabe-Befehle

Laden und Speichern

16

2. Besonderheiten von Omikron-BASIC

Bis auf wenige Befehle ist das Omikron-BASIC kompatibel zu dem weit verbreiteten MBASIC von Microsoft. Dies bezieht sich auf Programme, die vom MBASIC kommen und nach Omikron-BASIC übersetzt werden sollen. Umgekehrt kann es zu Problemen kommen, da Omikron-BASIC einen größeren Befehlssatz besitzt.

Der wichtigste Unterschied zuerst: Unter Omikron sind alle "normalen" Variablen vom Typ Long-Integer. Damit steht dieser Interpreter ziemlich einsam da, üblicherweise ist der Standardvariablentyp vom Format Single-Float. Beim Übertragen eines Programmes nach Omikron-BASIC können Sie dies auf zwei Arten berücksichtigen: Durch den Befehl DEFSNG A-Z werden alle Variablen ohne Nachsetzzeichen (%,& etc; siehe Kapitel 6 Arithmetik) als Typ Single-Float definiert. Die zweite Möglichkeit ist etwas umständlicher: Sie durchsuchen das Programm und stellen hinter jede Variable, die wirklich das Format Single-Float benötigt, das Postfix !.

Dies macht natürlich etwas mehr Arbeit, man spart aber einiges an Speicherplatz, außerdem beschleunigt sich das Programm unter Umständen erheblich.

Die übrigen Unterschiede sind nicht so schwerwiegend. Sie sollen hier im einzelnen aufgeführt werden:

► Das LOG (X) des MBASIC verlangt bei Omikron den Befehl LN (X). Die Funktionen MKS$ bzw. MKD$ sind zwar in beiden Dialekten vorhanden, liefern aber aufgrund des unterschiedlichen internen Fließkommaformates ein unterschiedliches Ergebnis. Gleiches gilt natürlich auch für die Umkehrfunktionen CVS und CVD.

► Wurden bei MBASIC innerhalb eines Data-Blockes Zeichenketten ohne Anführungszeichen gegeben, so wurden diese wie Strings behandelt, ließen sich also in String-Variablen einlesen. Omikron-BASIC interpretiert solche Zeichenketten als Variablennamen. Bei einer Zuweisung durch READ wird also nicht eine Zeichenkette, sondern der Inhalt einer Variablen übergeben.

► Der Befehl CHAIN...ALL ist bei Omikron-BASIC nicht vorhanden. Der Befehl CLOSE löscht wie beim MBASIC Compiler-Strings im Datei-Buffer.

► Einen Befehl ERASE gibt es bei Omikron-BASIC nicht. Sie können allerdings ein Feld mit dem DIM-Befehl einfach redimensionieren.

► Der Befehl INPUT kann nur ganze Zeilen einlesen. Ein Eingabe von durch Kommas getrennten Werten kann nur durch den Befehl INPUT A,B,C erfolgen. Versucht man, die Variablen durch drei einzelne INPUT-Befehle zuzuweisen, dann wird die Eingabe nach dem ersten Wert ignoriert.

► Einen Befehl RANDOMIZE gibt es bei Omikron-BASIC ebenfalls nicht. Er kann einfach weggelassen werden.

► RND (-X) liefert bei MBASIC den Startwert des Zufallszahlengenerators. Bei Omikron-BASIC liefert dieser Befehl eine ganzzahlige Zufallszahl.

3.   Der Editor

Der Editor ist der Teil vom Omikron-BASIC, mit dem man arbeitet; er sorgt dafür, daß das Eingetippte auch wirklich bearbeitet wird. Spricht man bei Omikron-BASIC von "dem" Editor, so ist das eigentlich nicht ganz korrekt: Omikron-BASIC verfügt über zwei verschiedene Editoren,
    den Bildschirm-Editor und
    den sogenannten Full-Screen-Editor.

3.1   Der Bildschirm-Editor

Nach dem Starten von Omikron-BASIC befindet man sich im Bildschirm-Editor.

Hier kann man zum einen Programme editieren, aber auch im Direktmodus arbeiten, d.h. jede Zeile, die mit einem Return abgeschlossen wurde und nicht mit einer Zeilennummer beginnt, wird direkt ausgeführt. Darüber hinaus kann man aber auch Programme im Bildschirm-Editor eingeben.

Allgemein ist zum Bildschirm-Editor noch zu sagen, daß eine Zeile mehr als 80 Zeichen beinhalten darf. Nach dem 80. Zeichen springt der Cursor wieder an den linken Rand und setzt einen kurzen senkrechten Strich "|". Dieses Zeichen deutet an, das die nun folgende Zeile mit der vorherigen verknüpft ist.

3.1.1 Steuerfunktionen

Die folgende Liste gibt Auskunft darüber welche Tasten für welche Steuerfunktion benötigt werden.

Cursortasten   Mit ihnen kann wie gewohnt der Cursor über den Bildschirm bewegt werden. An jeder Position kann editiert werden.

Return   Bearbeitet die aktuelle Zeile. Steht als erstes eine Zeilennummer, so wird die Zeile in den Programmspeicher eingeschrieben, andernfalls wird sie im Direktmodus ausgeführt.

Home	Setzt den Cursor in die Home-Position des Bildschirms (linke obere Ecke).
CTRL-Home	Löscht den Bildschirm und setzt den Cursor in die Home-Position.
Backspace	Positioniert den Cursor eine Position nach links und löscht dann das Zeichen unter dem Cursor. Der Rest der Zeile wird nicht aufgeschoben, bei Omikron-BASIC reagiert die Backspace-Taste also etwas ungewohnt.
Delete	Löscht das Zeichen links (!) vom Cursor und zieht den Rest der Zeile nach links. Die Delete-Taste reagiert also genau so, wie man es von der Backspace-Taste gewöhnt ist.
CTRL-Delete	Löscht den Rest der Zeile ab der Cursor-Position.

CTRL-Cursor hoch
Löscht die komplete Zeile, in der der Cursor steht.

Insert	Die Insert-Taste fügt an der Cursor-Position ein Leerzeichen ein, sie schiebt dabei den Rest der Zeile nach rechts.
CTRL-Insert	Diese Tasten-Kombination dient als Schalter für den Einfügemodus. Nach der ersten Betätigung ist er eingeschaltet. Das bedeutet, daß bei jedem Zeichen, das eingegeben wird, intern ein Insert vorangeht. Es werden also keine bereits auf dem Bildschirm vorhandenen Zeichen überschrieben. In diesem Modus funktionieren übrigens auch die Delete- und Backspace-Tasten wie gewohnt. Durch ein zweites CTRL-Insert wird dieser Modus wieder abgeschaltet.

CTRL-Cursor nach unten
Fügt eine komplete Zeile ein.

Alternate-CTRL
Löscht den Tastaturpuffer. Dort stehen die Tastendrücke, die nicht sofort ausgeführt werden konnten, etwa weil ein Programm

ablief.

Shift-Shift Schaltet auf den Bildschirm um, der vor der Rückkehr in den Direktmodus aktuell war.

CTRL-Cursor links
Setzt die linke obere Ecke eines Rahmens. Dieser Rahmen begrenzt den Bildschirmbereich, der mit PRINT-Befehlen erreicht werden kann.

CTRL-Cursor rechts
Legt die rechte untere Ecke des Rahmens fest.

Home-Home Löscht einen bestehenden Rahmen wieder.

Zusätzlich zu diesen Möglichkeiten ist im Bildschirm-Editor der volle VT52-Standard integriert. Auch diese Kombinationen möchte ich Ihnen nicht vorenthalten, das meiste läßt sich aber auch mit den soeben gesehenen Tastenkombinationen erreichen

ESC A Entspricht Cursor hoch.

ESC B Entspricht Cursor runter.

ESC C Entspricht Cursor rechts.

ESC D Entspricht Cursor links.

ESC E Entspricht CTRL-Home.

ESC H Entspricht Home.

ESC I Bewegt den Cursor um eine Zeile nach oben. Dabei wird, wenn es nötig ist, der Bildschirm nach unten verschoben.

ESC J Löscht den Rest des Bildschirms.

ESC K Entspricht CTRL-Delete.

ESC L Entspricht CTRL-Cursor nach unten.

ESC M Entspricht CTRL-Cursor hoch.

ESC Y n1 n2
Positioniert den Cursor. n1 = CHR$(Zeile+32); n2 = CHR$(Spalte+32).

ESC b n	Setzt die Schriftfarbe. n entspricht CHR$(Farbe).
ESC c n	Setzt die Hintergrundfarbe. n entspricht CHR$(Farbe).
ESC d	Löscht den Bildschirm bis zum Cursor.
ESC e	Cursor einschalten.
ESC f	Cursor ausschalten.
ESC j	Cursorposition abspeichern.
ESC k	Gespeicherte Cursorposition abrufen.
ESC l	Entspricht CTRL-Cursor hoch.
ESC o	Zeile bis zum Cursor löschen.
ESC p	Inversdarstellung einschalten.
ESC q	Inversdarstellung ausschalten.

Zum VT52-Standard gehören auch einige CTRL-Sequenzen. Ich möchte hier aber nur die angeben, die zusätzliche Funktionen ausführen:

CTRL-a	Das nun folgende Zeichen wird nicht als Steuerzeichen interpretiert, sondern ausgegeben.
CTRL-c	Stoppt ein Programm.
CTRL-g	Gibt einen Ton aus.

3.1.2 Editorbefehle

KEY   definiert Funktionstaste

KEY Nummer ="Text"

Belegt die gewählte Funktionstaste mit "Text". Die Nummern 1-10 stehen für F1 bis F10. Mit 11-20 kann man die Tasten Shift-F1 bis Shift-F10 erreichen.

Im Text dürfen auch Steuerzeichen verwendet werden. So erreicht man durch das Anhängen von +CHR$(13), daß der Befehl sofort ausgeführt wird.

KEY LIST

listet die Belegung der Funktionstasten auf

KEY LIST

Gibt die Definitionen aller Funktionstasten auf dem Bildschirm aus.

MODE

Länderspezifischer Modus

MODE "Länderkennzeichen"

Stellt den Rechner auf den gewünschten Ländermodus um. Dies bewirkt dann eine Bewertung von Sonderzeichen (z.B. im Modus "USA" gilt ein ü als Sonderzeichen, im Modus "D" nicht) und eine Umstellung des Datumsformates.

Es sind die Modi "D", "GB" und "USA" zugelassen.

LIST

gibt das Programmlisting auf dem Bildschirm aus

LIST [Startzeile][-[Endzeile]]

Listet das Programm auf. Wird lediglich LIST befohlen, so wird das gesamte Programm ausgegeben. Gibt man eine Startzeile (und eventuell auch eine letzte Zeile an) so wird diese Zeile (bzw. von der Startzeile bis zur Endzeile) ausgelistet. Mit dem Kommando CTRL-c läßt sich das Listen abbrechen.

LLIST

LLIST [Startzeile] [-[Endzeile]]

Entspricht dem LIST-Befehl, die Ausgabe erfolgt jedoch
auf dem Drucker.

RENUM

RENUM [neue Zeile][,[ab Zeile][,Schrittweite]]

Mit RENUM werden die Zeilennummern neu durchnum-
meriert. Der erste Parameter, der übergeben wird, bestimmt
die erste neue Zeilennummer, d.h. im durchnumerierten
Programm besitzt die erste Zeile diese Nummer. Mit Parameter 2 kann man festlegen, ab welcher Zeilennummer
umbenannt werden soll, Parameter 3 gibt den Abstand der
Zeilennummern untereinander an.

Wird kein einziger Parameter übergeben, so führt Omikron-BASIC den Befehl

```
RENUM 100,,10 aus.
```

SYSTEM

SYSTEM

Mit dem Befehl SYSTEM wird Omikron-BASIC beendet,
man befindet sich anschließend auf dem Desktop. Versäu-
men Sie nicht, vor dem SYSTEM-Befehl alle Daten zu sichern. Beim Verlassen von Omikron-BASIC wird alles gelöscht.

EDIT [Zeile]

Mit EDIT im Direktmodus gelangt man in den Full-Screen-Editor von Omikron-BASIC. Wird hinter dem Befehl eine Zeilennummer angegeben, so wird der Cursor gleichzeitig in diese Zeile gesetzt.

3.2   Steuerfunktionen des Full-Screen-Editor

Der wichtigste Unterschied zwischen dem Bildschirm-Editor und dem Full-Screen-Editor besteht darin, daß nunmehr die Zeilen auch dann übernommen werden, wenn sie nicht mit RETURN beendet wurden. Es reicht vollkommen aus, sie mit den Cursortasten zu verlassen. Verlassen wird der Full-Screen-Editor mit CTRL-C.

Auch in diesem Editor können Sie ihren Cursor über den ganzen Bildschirm bewegen und an jeder Bildschirmposition editieren. Die Unterschiede werden im Folgenden aufgeführt:

HELP   Ruft einen Hilfsbildschirm auf. Hier werden alle wichtigen Befehle kurz zusammengefaßt.

UNDO bzw. ESC
    Setzt eine Zeile wieder auf ihr bisheriges Aussehen. Bedingung: Der Cursor darf die Zeile noch nicht verlassen haben. ESC kann aber auch Funktionen abbrechen, etwa das Laden von Programmen.

HOME   Bewegt den Cursor in die erste Programmzeile. Sollte sich der Cursor ohnehin dort befinden, so springt er nun in die letzte Zeile.

TAB   Bewegt den Cursor in die nächste 8er Position.

ALTERNATE
    1. Bricht die Wiederholfunktion ab.
    2. Beendet Suchen und ersetzen.

Suchen

F2 F2 "Text" RETURN

Durchsucht das Programm nach der Passage "Text". Der
Suchvorgang beginnt dabei ab der Cursorposition. Wenn Sie
nach den beiden Tasten F2 sofort Return drücken, so sucht
Omikron-BASIC nach dem zuletzt verwendeten Suchbegriff.

F2 F3 "Text" RETURN

Mit diesem Befehl wird Omikron-BASIC dazu veranlaßt,
den ganzen Text zu durchsuchen und alle Fundstellen auf-
zulisten.

Suchen und ersetzen

F3 F2 'Alter_Text' RETURN 'Neuer_Text' RETURN

Das Programm wird nach der Passage 'Alter_Text' durchsucht. Bei jeder Fundstelle fragt Omikron-BASIC, ob diese
durch 'Neuer_Text' ersetzt werden soll. Anschließend geht
die Suche weiter.

F3 F3 'Alter_Text' RETURN 'Neuer_Text' RETURN

Wie oben, jedoch fragt Omikron-BASIC nicht mehr nach,
sondern ersetzt jede Passage.

Block definieren

F7 F7

Gehen Sie mit den Cursor auf die gewünschte Bildschirmposition. Wenn Sie nun zweimal die F7-Taste drücken,
dann haben Sie den Blockanfang definiert.

F7 Shift-F7

Mit F7 Shift-F7 definieren Sie die Cursorposition als
Blockende.

Block abspeichern/laden

F7 F8

Omikron-BASIC meldet sich mit der Abfrage nach einem
Programmnamen. Das Programm wird als ASCII-File abgespeichert und kann später in andere Programme übernommen werden.

F7 Shift-F8

Diese Tastenkombination lädt einen Block ein. Dieser muß
sich als ASCII-File auf der Diskette befinden.

Block einfügen

F7 F9

Mit diesen beiden Tasten fügen Sie einen bereits definierten Block ab der Cursorposition ein. Der Block selbst bleibt
dabei unverändert.

Block löschen

F7 Shift-F9

Mit F7 Shift-F9 wird ein definierter Block gelöscht. Er ist
dann unwiederbringlich verschwunden.

Go-Funktion

F1 'Zeilennummer'   z.B.: F1 100
F1 'Offset'   z.B.: F1 +100
F1 Cursor-hoch
F1 Cursor-runter

Springt eine Zeilennummer an bzw. springt um den Offset
weiter. F1 in Verbindung mit Cursor-hoch oder Cursor-
runter bringt die aktuelle Zeile an den oberen oder unteren
Bildschirmrand.

Blättern um eine Seite

F10

Mit der Taste F10 können Sie das Programm um eine Seite
weiterblättern.

Shift-F10

Blättert um eine Seite zurück.

Abspeichern eines Programmes

F8

Nach dieser Taste werden Sie nach dem Filenamen gefragt.
Das Programm wird als ASCII-File abgespeichert.

Einladen eines Programmes

Shift-F8

Lädt ein Programm ein.

Funktionstaste belegen

Shift-F7

Nun können Sie die vier Funktionstasten F4, F5, Shift-F4 und Shift-F5 belegen, indem Sie diese drücken. Geben Sie dazu den gewünschten Text ein und quittieren Sie ihn mit einem erneuten Shift-F7.

Zeile einfügen

F9

Fügt an der Cursorposition eine Leerzeile ein.

Zeile löschen

Shift-F9

Löscht die Zeile unter dem Cursor

Zeile auftrennen

Shift-F6 F9

Trennt die aktuelle Zeile auf.

Zwei Zeilen verbinden

Shift-F6 Shift-F9

Verknüpft zwei Zeilen.

Tastendruck wiederholen

F6

Geben Sie nun die Anzahl der Wiederholungen ein. Nach Return sorgt Omikron-BASIC dafür, daß das Zeichen in der gewünschten Anzahl auf dem Bildschirm steht.

Editieren ohne Zeilennummern

CTRL-Clr

Nach dieser Tastenkombination können Programmzeilen ohne Zeilennummern eingegeben werden. Ein erneuter Befehl hebt diesen Modus wieder auf.

Achtung: Dieser Modus arbeitet nicht korrekt. Beim Verlassen des Full-Screen-Editors bei abgeschalteten Zeilennummern wird ein Renumber durchgeführt. Alle Zeilennummern werden im Einerabstand durchnumeriert. Leider werden dabei keine Sprungziele verändert, so das ein Programm leicht unbrauchbar werden kann.

3.3   Der Full-Screen-Editor des neuen ST-BASIC

Der neue Editor zeichnet sich durch einen erhöhten Bedienungskomfort aus. Die Befehle der Funktionstasten sind nunmehr in einer Pulldown-Struktur untergeracht, wie sie vom GEM her bekannt ist. Es handelt sich allerdings nicht um eine GEM-Menüstruktur. Da GEM nur eine Menüleiste erlaubt, und diese nicht bereits durch das ST-BASIC belegt ist, kann im eigenen Programm mit einer solchen gearbeitet werden.

Zusätzlich ist die Maus angeschaltet. Mit ihr kann man den Cursor positionieren oder Blöcke einfangen.

Erreichen kann man den ST-BASIC-Editor über die Help-Taste. Damit wird klar, das der Hilfsbildschirm im Editor nicht mehr zur Verfügung steht.

Die Menüzeile enthält sechs Einträge sowie einige Status-informationen wie etwa die aktuelle Zeilen und Spalten-nummer, die Länge und den Namen des Programmes.

3.3.1 File

Unter diesem Menüpunkt finden sich Befehle zum Laden und Speichern von Programmen, im einzelnen:

SAVE *.*

Speichert das im Rechner befindliche Programm ab. Dazu kann ein Filename über eine File-Select-Box ausgewählt werden.

LOAD *.*

Lädt ein über die File-Select-Box ausgewähltes Programm in den Speicher.

SAVE BLOCK

Speichert einen definierten Block auf Diskette.

LOAD BLOCK

Lädt einen Block (bzw. ein ASCII-File) von Diskette und fügt es in ein eventuell bestehendes Programm ein (MERGE).

DIRECTORY

Gibt das Hauptdirectory auf dem Bildschirm aus. Entspricht in der Wirkung dem Befehl FILES.

NEW

Löscht das Programm, das im Speicher steht. Vor der Ausführung wird eine Sicherheitsabfrage gestellt. NEW kann mit CTRL-C abgebrochen werden.

QUIT EDIT

Verläßt den ST-BASIC-Editor.

3.3.2 FIND

Der zweite Hauptmenüstrang enthält Befehle zum Suchen und Ersetzen von Textpassagen bzw. Befehlen.

FIND NEXT

Führt bei definiertem Suchbegriff die nächste Suche durch. Beim ersten Mal muß der Suchbegriff erst mit FIND... definiert werden.

FIND...

Hier kann dem BASIC ein Suchbegriff übergeben werden. Dieses FIND reagiert auf einen beliebigen Text. Die drei Buchstaben AND werden z.B. sowohl im BASIC-Befehl als auch im Variablennamen Handle gefunden.

LIST...

Durchsucht den gesamten Text und invertiert sämtliche Fundstellen.

REPLACE ALL...

Führt den Befehl QUERY REPLACE für den gesamten Text durch. Alle Fundstellen werden ausgetauscht.

QUERY REPLACE

Führt ein Suchen und Ersetzen durch. Dazu muß in zwei Eingaben der alte und der neue Begriff eingegeben werden.

FIND TOKEN

Führt eine Suche nach Befehlswörtern durch. Im Beispiel, das bei FIND... angegeben wurde, würde die Variable Handle z.B. überlesen werden.

LIST TOKEN

Hebt alle gefundenen Befehlswörter invers hervor. (siehe FIND TOKEN).

RENAME TOKEN

Dieser Befehl tauscht Befehlswörter aus. Normaler Text bleibt unberücksichtigt.

LIST TO PRINTER

Gibt die Fundstellen auf dem Drucker aus.

FIND ERROR

Untersucht das Programm nach Fehlern.

3.3.3 BLOCK

Hier findet sich eine Ansammlung von Blockoperationen. Ein Block läßt sich einfach mit gedrückter linker Maustaste einfangen.

INSERT

Fügt einen bereits markierten Block an der Cursor-Position ein.

MOVE

Bewegt einen markierten Bereich von einem Programmteil in den nächsten. Der Block wird an seinem ursprünglichen Platz gelöscht.

KILL

Löscht einen Block aus einem Programm.

MARK BLOCK START

Mit diesem Befehl läßt sich eine vorhandene Blockgrenze umsetzen. Man kann damit also z.B. einen Block vergrößern.

MARK BLOCK END

Hiermit läßt sich die Position des Blockendes verändern.

SAVE BLOCK *.*

Speichert einen Block auf der Diskette im ASCII-Format.

LOAD BLOCK *.*

Lädt einen Block von der Diskette und fügt ihn an der Cursorposition ein.

PRINT BLOCK

Gibt einen Block auf dem Drucker aus.

HIDE

Löscht die Markierungen eines Blockes wieder. Der Block selbst bleibt unverändert.

3.3.4 MODE

Mit diesem Menüstrang lassen sich die allgemeinen Bedienungsmöglichkeiten einstellen. Es ist möglich, diese Einstellungen als ein OMIKRON.INF abzuspeichern. Damit bleiben dann alle Veränderungen bestehen bzw. werden automatisch beim Laden gesetzt.

INSERT

Schaltet den Einfüge-Modus ein bzw. wieder ab.

SWITCH SCREEN

Omikron-BASIC verfügt über zwei Bildschirme. Mit SWITCH SCREEN läßt sich zwischen den beiden hin- und herschalten.

SPLITT SCREEN

Teilt den Bildschirm in der Mitte. Es werden praktisch zwei Bildschirme gleichzeitig gezeigt. In beiden Bildschirmen kann unabhängig voneinander gescrollt werden. Mit der Maus kann man von einem Bildschirm in den anderen wechseln.

CHANGE SIZE

Verändert die Buchstabengröße. Der alte Modus läßt sich durch ein erneutes Anklicken wieder herstellen.

LINE NUMBERS

Schaltet wahlweise die Zeilennummern ein bzw. wieder ab. Achtung: Es existiert immer noch ein Fehler in diesem Modus. Verläßt man bei abgeschalteten Zeilennummern den ST-BASIC-Editor, um in den Bildschirm-Editor zu gelangen, so werden die Zeilennummern in Einerschritten durchnumeriert. Sprungziele werden nicht verändert.

SHOW ERRORS

Überprüft den Programmtext nach Fehlern (z.B. nicht geschlossene Schleifen).

SAVE SETTINGS

Legt ein OMIKRON.INF an. Dort stehen die gewählten Einstellungen und werden bei jedem Laden von Omikron-BASIC sofort eingestellt.

3.3.5 GO

Der Cursor kann innerhalb des Listings mit Cursortasten und Maus gesteuert werden. Einige zusätzliche Möglichkeiten finden sich im Menüstrang GO.

TO LAST MARK

Springt die letzte gesetzte Markierung an.

TO LINE...

Springt die gewünschte Zeilennummer an. Diese wird beim Auslösen der Funktion abgefragt.

LINE TO TOP

Scrollt den Bildschirm soweit, daß die Zeile, in der der Cursor steht, an den oberen Rand des Bildschirms gelangt.

LINE TO BOTTOM

Bringt die aktuelle Bildschirmzeile an den unteren Rand des Bildschirms.

TO MARK #1 (bis #4)

Diese insgesamt vier Befehle dienen dazu, eine von vier möglichen Markierungen zu springen.

SET MARK #1 (bis #4)

Hier können Markierungen gesetzt werden. Diese lassen sich durch den vorhergehenden Befehl anspringen.

FIND ERROR

Durchsucht das Programm nach Fehlern.

3.3.6 RUN

Hier können Programme gestartet werden. Außerdem kann man von diesem Strang aus Programme compilieren lassen.

RUN(^R)

Startet ein Programm. Dies läßt sich auch mit CTRL-R erreichen.

SAVE & RUN

Speichert ein Programm auf Diskette ab und startet es im Anschluß an diese Aktion.

TRON & RUN

Schaltet den TRON-Modus ein und startet das Programm.

COMPILE

Ruft den neuen Omikron-Compiler direkt auf.

SAVE & COMPILE

Dieser Befehl muß verwendet werden, wenn man den "alten" Compiler besitzt. Hier muß das Programm erst abgespeichert werden.

RUN *.BAS

Lädt ein BASIC-Programm in den Speicher und führt es aus.

EXEC *.PRG

Lädt ein beliebiges Programm und führt es aus. Nach der Beendung des Programmes befindet man sich wieder bei Omikron-BASIC.

ACCESSORY

Schaltet auf ein GEM-Menü um. Dort kann man die beim Booten geladenen Accessories anwählen.

3.4 Debug-Befehle

Unter Debugging versteht man das Beseitigen von Fehlern aus Programmen. Omikron stellt dafür einige leistungsfähige Befehle zur Verfügung, die das Austesten von Programmen erleichtern.

TRON   schaltet den Trace-Modus an

TRON

Nach TRON wird vor jedem Befehl im Programmablauf die Zeilennummer sowie der Befehl selbst ausgegeben.

TROFF   schaltet den Trace-Modus ab

TROFF

TROFF ist das Gegenstück zu TRON. Er unterdrückt die Ausgabe der Zeilennummern. Achtung: Wurde im Programmablauf der Befehl TRON mehrmals durchlaufen, so benötigt es dieselbe Anzahl von TROFF-Befehlen, um den Modus abzuschalten. Für TROFF im Direktmodus gilt dies nicht. Hier reicht die einmalige Ausführung.

ON TRON GOSUB 'Ziel'

Dieser Befehl kann zu Anfang eines BASIC Programmes gesetzt werden. Wird nun während des Ablaufes der Trace-Modus eingeschaltet, so werden nicht mehr die Zeilennummern ausgegeben, sondern das Programm springt bei jedem Befehl nach Ziel und bearbeitet das dortige Unterprogramm. Sie können dort also eine Routine unterbringen die das Programm auf gewisse Zustände überwacht. Innerhalb dieser Routine können Sie den aktuellen Befehl in ERR$, die aktuelle Zeilennummer in ERL finden.

ON TRON GOSUB 0 schaltet die Überwachung wieder ab.

4. Ein-/Ausgabe-Befehle

4.1 Eingabe über die Tastatur

INPUT   dient zur Eingabe von Daten

INPUT [@(Zeile,Spalte);] ["Text";] Variable [,Variable,...]

INPUT gebraucht man dazu, um einem Programm Daten zu übergeben. Bei Omikron-BASIC kann dieser Befehl verschiedene Parameter besitzen.

Wird hinter dem INPUT der Zusatz @ (Zeile,Spalte) gesetzt, so wird damit die Bildschirmposition festgesetzt, ab der der INPUT-Befehl in Aktion tritt. An dieser Stelle wird dann ein eventuell vorhandener Stringausdruck "Text" auf den Bildschirm gesetzt. Im Gegensatz zu vielen anderen BASIC-Dialekten erlaubt Omikron-BASIC auch einen zusammengesetzten Ausdruck für "Text". Die Eingabevariable muß durch ein Semikolon vom Stringausdruck getrennt sein.

Wird kein String angegeben, so setzt Omikron-BASIC an der Cursor-Position ein Fragezeichen.

Man kann mit einem INPUT-Befehl mehr als eine Variable mit einem Wert belegen, dafür muß dann eine Liste von Variablen angegeben werden. Der Typ dieser Variablen muß natürlich mit der Eingabe übereinstimmen, der Versuch, eine Integervariable mit Buchstaben zu laden, führt zu einer Fehlermeldung.

Bei der Ausführung des Programmes müssen dann die Daten durch Kommas getrennt eingegeben werden.

44

LINE INPUT   liest komplette Zeilen ein

LINE INPUT [@(X,Y);] ["Text";] Variable [,Variable]

Der Unterschied zum "normalen" INPUT besteht darin, daß
LINE INPUT ganze Zeilen auf einmal einliest. Dadurch
können aber auch Zeichen wie Komma und Semikolon eingelesen werden. Dementsprechend müssen natürlich auch
mehrere Zeilen eingegeben werden, falls hinter dem eigentlichen Befehl eine Liste von Variablen angegeben ist.

INPUT USING   dient zur formatierten Eingabe

**INPUT [@(X,Y)] ["Text";] Stringvariable USING
[Steuer-String],[Return-Variable],[Länge],
[Füllzeichencode],[Cursorposition]**

Dieser zweite INPUT-Befehl gleicht im ersten Teil der
Syntax seinem Vorgänger, ist jedoch wesentlich leistungsfä-
higer (und komplizierter): Mit ihm kann man vorab festlegen, welche Zeichen als gültige Eingabe anerkannt werden
sollen. Diese Voreinstellung geschieht mit dem Steuerstring.
Es bedeutet:

0	Ziffern sind zugelassen
a	Buchstaben sind zugelassen, bei MODUS=Deutsch zählen die Umlaute zu den Buchstaben.
%	Sonderzeichen, bei MODUS=Deutsch sind die Umlaute ausgenommen.
^	(CTRL-Zeichen) Die Eingabe erfolgt über die Tastenkombination CTRL-A CTRL-Buchstabe.
+[Zeichen]	erlaubt einzelne Zeichen.
-[Zeichen]	Verbietet einzelne Zeichen.

c[Zeichen1][Zeichen2]
　　　Wandelt Zeichen1 in Zeichen2 um.

u	Alle eingegebenen Zeichen werden zu Großbuchstaben.
l	Alle eingegebenen Zeichen werden zu Kleinbuchstaben.

Ein Steuerstring "a0 +! cxu" erlaubt also Buchstaben, Zahlen und das Ausrufezeichen. Gleichzeitig wird ein x in ein u umgewandelt. Leerzeichen innerhalb des Steuerstrings sind im übrigen ohne Bedeutung.

Der Steuerstring vermag aber noch mehr: Durch einen Anhang lassen sich die Tasten bestimmen, mit der die Eingabe abgebrochen werden kann.

+"x"+chr$(Taste)

> Abbruch bei gegebenen ASCII-Code

+"s"+chr$(Taste)

> Abbruch bei gegebenen Scancode. Damit lassen sich auch nichtdruckende Zeichen (z.B. Cursortasten) überwachen.

+"<" Abbruch beim Versuch, den linken Rand zu überschreiten.

+">" Abbruch beim Versuch, den rechten Rand zu überschreiten.

Die Return-Variable ist eine der Antworten dieser Funktion. In ihr läßt sich ablesen, wodurch die Eingabe beendet wurde. Diese Variable besitzt den Wert

0 wenn die Eingabe mit Return abgeschlossen wurde,
-1 bei der Überschreitung des rechten Randes und
-2 bei der Überschreitung des linken Randes.

Wurde eine durch den Steuerstring definierte Taste verwendet, so steht in der Return-Variable ein Vier-Byte-Wert. Das linke Byte (Byte 4) repräsentiert den ASCII-Wert der Taste, Byte 2 liefert den Scancode und das letzte Byte gibt den Zustand der Shiftkeys an (siehe auch INKEY$).

Die Variable Länge legt die maximale Anzahl der Zeichen im String fest.

Wird die Eingabe des Strings vor dem Erreichen der Maximallänge abgebrochen, so wird der String durch Füllzeichen aufgefüllt. Diese lassen sich der Art her hier bestimmen. Verzichtet man auf eine Eingabe, so gilt als Voreinstellung das Underline-Zeichen "_".

Als letztes kann man noch die Position des Cursors im Eingabefeld bestimmen. Dazu gibt es die Angabe Cursorposition. Dort wird quasi ständig die aktuelle Cursorposition hinterlegt.

Mit dieser Variablen kann man auch die Cursorposition nach einem erlaubten Abbruch erfahren.

Die Eingabe wird in Stringvariable abgelegt. Sollte sich dort vor dem Aufruf etwas befinden, so wird der Inhalt als Default auf den Bildschirm gebracht.

INPUT$ wartet auf eine Anzahl von Zeichen

A$=INPUT$(Anzahl)

A$=INPUT$(Dateinummer,Anzahl)

Diese Funktion wartet solange, bis der Bediener des Programmes die spezifizierte Anzahl von Tasten gedrückt hat. Diese Tastendrücke werden der Stringvariable zugewiesen. Sie werden nicht automatisch auf den Bildschirm gebracht!

Der zweite Syntax holt die angegebene Anzahl von Zeichen aus der festgelegten Datei. Dabei muß diese Datei natürlich vorher durch einen OPEN-Befehl geöffnet sein.

INKEY$ überprüft, ob eine Taste gedrückt wird

A$=INKEY$

Hier wird überprüft, ob momentan eine Taste gedrückt wird. Dies geschieht sozusagen im Vorbeigehen, das Programm wird in der Ausführung nicht unterbrochen.

Bei gedrückter Taste enthält A$ vier Byte: Dort findet sich im Byte 4 der ASCII-Code, im Byte 2 der Scancode der gedrückten Taste. Im Byte 1 findet sich der Zustand der Shiftkeys.

Bit 0   Rechte Shift-Taste gedrückt.

Bit 1   Linke Shift-Taste gedrückt.

Bit 2   CTRL-Taste gedrückt.

Bit 3   Alternate-Taste gedrückt.

Bit 4   Zustand der Caps-Lock-Taste.

A$ ist ein Leerstring, wenn keine Taste gedrückt wurde.

4.2   Abfrage der Maus

MOUSEX   enthält die X-Koordinate der Maus

A=MOUSEX

MOUSEX ist eine Systemvariable. In ihr ist die X-Position der Maus enthalten. Diese kann sich von den Koordinaten 0 (= linker Rand) bis 639 bewegen (von 0 bis 319 bei mittlerer oder niedriger Auflösung). MOUSEX enthält auch dann die Maus-Position, wenn der Mauszeiger abgeschaltet ist.

MOUSEY   enthält die Y-Koordinate der Maus

A=MOUSEY

Auch MOUSEY ist eine Systemvariable. Sie enthält die y-Koordinate der Maus. Hier bewegt sich das Intervall von 0 (= oberer Rand) bis 399 (0 bis 199 bei geringerer Auflösung). Auch hier erhält man bei abgeschaltetem Mauszeiger einen Wert.

MOUSEBUT

A=MOUSEBUT

Die Variable enthält einen Anhalt über die zur Zeit gedrückten Maustasten.

0	Keine Taste gedrückt.
1	Linke Taste gedrückt.
2	Rechte Taste gedrückt.
3	Beide Tasten gedrückt.

MOUSEON

MOUSEON

Schaltet die Maus ein. Hier muß man beachten, daß die Maus mehrmals abgeschaltet sein kann, in diesem Fall muß man sie auch wieder mehrmals einschalten, bevor sie wieder sichtbar wird.

MOUSEOFF

MOUSEOFF

Schaltet die Maus ab, mehrfaches Ausschalten wird gezählt.

4.3   Ausgabe auf dem Bildschirm

PRINT   druckt Daten auf den Bildschirm

PRINT Daten [(; oder ,) Daten] [(; oder ,)]

Der PRINT-Befehl dient zur Ausgabe von Daten auf den
Bildschirm. Er kann durch ein Fragezeichen abgekürzt
werden. Die Daten können beliebige Variablen oder
Stringausdrücke sein. So wird alles innerhalb von Anführungszeichen direkt auf den Bildschirm gebracht, während
bei einer mathematischen Verknüpfung der Daten nur das
Ergebnis gedruckt wird.

```
PRINT "3+4=";3+4
```

ergibt im Ausdruck:

```
3+4= 7
```

Das Semikolon im Ausdruck ist eine von verschiedenen
Formatieranweisungen die möglich sind:

; Der nächste Ausdruck wird direkt im Anschluß auf den
  Bildschirm gebracht. Dabei ist es unerheblich ob Ausdruck noch hinter der selben PRINT-Anweisung steht
  oder aber erst später im Programm folgt. Bei der Ausgabe von Zahlen fügt Omikron-BASIC ein Leerzeichen
  vor der eigentlichen Zahl ein. Bei negativen Zahlen wird
  das Leerzeichen durch das Vorzeichen ersetzt.

, Ein Komma als Formatanweisung setzt die aktuelle
  Cursor-Position um eine Tabulatoreinheit weiter. Dies
  bedeutet, daß eine weitere Ausgabe an der nächsten
  durch acht teilbaren Bildschirmspalte geschieht.

Wird am Ende der PRINT-Anweisung keine Formatieran-
weisung gegeben, so wird der nächste Ausdruck ab der ersten Spalte der nächsten Zeile gePRINTet. Dazu wird
eventuell der Bildschirm nach oben gescrollt.

Mit dem PRINT-Befehl können übrigens auch alle Kommandos nach dem Standard des VT52-Emulators gegeben werden. Dazu werden die entsprechenden ESC-Sequenzen gedruckt.

Zum Beispiel:

```
PRINT CHR$(27);"H"
```

setzt den Cursor auf die Home-Position. CHR$(27) ist das Steuerzeichen für ESC.

PRINT @ (X,Y)
druckt an bestimmter Bildschirmposition

PRINT @ (X,Y); [weiter wie bei PRINT]

Druckt das erste Zeichen an der Bildschirmposition X,Y aus. X ist dabei eine Zeile zwischen 0 und 24, Y eine Spalte zwischen 0 und 79.

PRINT USING
gibt Zahlen formatiert aus

PRINT USING Formatstring,Ausgabe

Bei dieser Ausgabevariante ist es möglich, Zahlen in einem gewünschten Format auszugeben. Dieser Befehl läßt sich zum Beispiel bei der Ausgabe von Tabellen gut verwenden.

Das Ausgabeformat wird im Formatstring festgelegt.

An dieser Stelle steht eine Ziffer.

.   Dezimal-Punkt an diese Stelle setzen.

,   Dezimal-Komma an diese Stelle setzen.

, im weiteren Verlauf .
> Tausender mit Kommata trennen, Dezimal-Punkt, wo angegeben.

, , ,   Tausender mit Kommas trennen, keine Nachkommastellen.

. im weiteren Verlauf ,

Tausender mit Punkten trennen, Dezimal-Komma, wo angegeben.

... Tausender mit Punkten trennen, keine Nach-kommastellen.

− Bei negativer Zahl das Vorzeichen hier ausgeben.

+ Es wird immer ein Vorzeichen an der markierten Stelle ausgegeben, auch bei positiven Zahlen.

Bei der Ausgabe der Vorzeichen gibt es eine Ausnahme: Steht das +/− im Formatstring direkt vor dem ersten #, *, Punkt oder Komma, so wird das Vorzeichen direkt vor der ersten gültigen Ziffer ausgegeben.

*+[Zeichen] Legt ein vorderes Füllzeichen fest. Im Nor-malfall werden nicht benutzte #-Stellen mit Leerzeichen aufgefüllt. Mit der Definition * Zeichen lassen sich an der Stelle beliebige andere Zeichen verwenden. Ein Ausnahme ist das Underline-Zeichen. Dieses ist verbo-ten.

_+[Zeichen] Gibt Zeichen aus, auch wenn dieses norma-lerweise eine Steuerfunktion im Formatstring hätte.

^^^^ Exponent an dieser Stelle. Für den Expo-nenten müssen mindesten vier Stellen reser-viert werden.

Alle weiteren Zeichen werden ausgegeben, wie sie im For-matstring stehen. Die Länge des Formatstrings darf 30 Zifferzeichen betragen.

USING   stellt Format ein

USING Formatstring

Steht ein USING allein im Programm, so bewirkt dies eine Formatvorschrift für alle folgenden PRINT, LPRINT, PRINT# und STR$. Die Formatmaske wird nach den Re-geln für PRINT USING erstellt.

WRITE   dient zur Ausgabe auf dem Bildschirm

WRITE Ausgabe

Der WRITE-Befehl entspricht im wesentlichen dem PRINT-Befehl. Die Unterschiede bestehen darin, daß WRITE bei Zeichenketten auch die Anführungszeichen auf dem Bildschirm ausgibt, bzw. bei einer Auflistung durch Kommas werden auch diese ausgegeben.

TAB   legt die Ausgabespalte fest

PRINT TAB (Spalte); Ausdruck

Mit TAB kann man die Spalte festlegen, an der der Ausdruck anfangen soll. TAB funktioniert auch in Verbindung mit LPRINT auf dem Drucker. Steht der Spaltenzähler intern bereits auf 12, so wird bei PRINT TAB (10); "TEXT" in die gleiche Zeile geschrieben, und zwar ab Spalte 10.

LOCATE   positioniert den Cursor

LOCATE Zeile,Spalte

Der LOCATE-Befehl setzt den Cursor an die angewiesene Bildschirmposition.

CRSLIN   enthält die aktuelle Bildschirmzeile

A=CRSLIN

Diese Systemvariable enthält die Bildschirmzeile, in der sich der Cursor gerade befindet.

POS
ergibt die Bildschirmspalte

A=POS(0)

Diese Funktion gibt die Spalte zurück, in der sich gerade der Cursor befindet. Der Parameter 0 hat dabei keine Bedeutung.

CLS
löscht den Bildschirm

CLS

Mit CLS kann man den Bildschirm löschen, danach steht der Cursor in Home-Position.

4.4 Laden und Abspeichern von Programmen

LOAD
lädt ein Programm in den Speicher

LOAD "Name"

Hiermit wird ein Programm von dem aktuellen Laufwerk eingeladen. Für "Name" gibt es verschiedene Möglichkeiten.

```
LOAD "Beispiel"
```

lädt das Programm "Beispiel.Bas" von dem aktuellen Laufwerk.

```
LOAD "B:\Ordner\Beispiel"
```

lädt das Programm "Beispiel.Bas" aus dem Ordner "Ordner". Dieser wird auf der Diskette im Laufwerk B gesucht. Genauso können natürlich auch Programme aus anderen Ordnern und/oder von anderen Laufwerken (Harddisk, RAM-Disk etc) gelesen werden. Wird LOAD ohne einen Namen eingegeben, so verwendet Omikron-BASIC den Namen, der als letztes in Verbindung mit LOAD, SAVE oder NEW verwendet wurde. Achtung: LOAD löscht ein eventuell bereits im Speicher vorhandenes Programm.

RUN "Name"   lädt ein Programm und startet es

RUN "Name"

Das angegebene Programm wird geladen und sofort gestartet. RUN "Name" ist also ein Kombination aus LOAD und RUN.

MERGE   lädt ein Programm zu einem bestehenden dazu

MERGE "NAME"

Mit diesem Befehl lassen sich mehrere Programme verknüpfen. Dazu muß sich das erste zu verknüpfende Programm bereits im Speicher befinden. Dazu wird mit dem Befehl das Programm "Name" dazugefügt. Für "Name" gilt, was schon bei LOAD gesagt wurde. Zusätzlich muß das Programm auf der Diskette mit dem Befehl SAVE,A abgespeichert worden sein, also im ASCII-Format vorliegen.

Bevor man anfängt, Programme zu mergen sollte man sich unbedingt vergewissern, daß keine Zeilennummern doppelt vorkommen, da das dazukommende Programm alle bereits vorhandenen Zeilennummern überschreibt.

CHAIN   verkettet Programme während des Ablaufes

CHAIN [MERGE] "Name" [,Startzeile]

CHAIN ermöglicht es, aus einem laufenden Programm heraus Teile einzuladen. Mit CHAIN MERGE bleibt dabei das alte Programm soweit vorhanden, wie es nicht durch doppelte Zeilennummern gelöscht wird. Allerdings löscht der Befehl CHAIN alle Variablen, die nicht in einer COMMON-Anweisung stehen.

Mit Startzeile kann man eine Startadresse im Programm angeben. Dies muß auf jeden Fall eine Zeilennummer sein, Label sind verboten. Verzichtet man auf diese Angabe, so wird das Programm bei der ersten Zeile gestartet.

COMMON   schützt Variablen bei CHAIN

COMMON Variablenliste

Omikron-BASIC bietet einen Befehl, der es ermöglicht auch nach einem Nachladen von Programmteilen mit Variablenwerten weiterzuarbeiten. Dieser Befehl lautet COMMON. Er muß eine Variablenliste der zu schützenden Variablen besitzen. Diese COMMON-Anweisung muß sowohl im alten als im neuen Programm stehen. Außerdem muß darauf geachtet werden, daß innerhalb des neuen Programmes zuerst die COMMON-Anweisung bearbeitet wird. Die Variablenlisten der COMMON-Anweisungen in beiden Programmteilen müssen zumindest im Typ identisch sein, die Namen der Variablen dürfen verändert werden. (Die Frage ist, ob das sinnvoll ist.)

SAVE   speichert Programme ab

SAVE "Name"

Speichert ein Programm unter "Name" ab. "Name" kann dabei ein kompletter Suchpfad sein. Omikron-BASIC unterscheidet dabei nicht zwischen Groß- und Klein-Schrift.
Wird keine Extension angegeben, so wird automatisch die
Extension ".Bas" gesetzt. Wird überhaupt kein Name gegeben, so verwendet Omikron-BASIC den zuletzt bei SAVE,
LOAD oder NEW angegebenen.

SAVE,A   speichert ein Programm als ASCII-File

SAVE "Name",A

Mit diesem Befehl werden Programme im Klartext abgespeichert. Es ist also möglich, sie z.B. mit einer Textverar-
beitung zu bearbeiten. Auch der Befehl MERGE benötigt
dieses Format. Leider kann man anhand der Extension
nicht sehen, ob ein Programm codiert oder als ASCII-File
abgespeichert vorliegt. In beiden Fällen ist die Extension
".BAS".

4.5   Befehle zur Laufwerksorganisation

FILES   listet das Inhaltsverzeichnis auf

FILES ["Pfadname"]

Ergibt das Directory einer Diskette. Durch den Pfadnamen
kann dabei entschieden werden, welche Files aufgelistet
werden sollen.

    FILES "*.BAS"

liefert alle Programme mit der Extension ".BAS",

allein liefert die Einträge der aktuellen Hierarchie.

MKDIR   erstellt einen Ordner

MKDIR "Ordner"

Erstellt einen Ordner auf der Diskette. Dazu kann "Ordner"
ein kompleter Suchpfad sein. Bei einem einfachen Namen
wird der Ordner in der aktuellen Ebene angelegt.

CHDIR   wählt einen Ordner aus

CHDIR "Ordner"

Mit diesem Befehl kann ein beliebiger Ordner zum aktuellen Ordner benannt werden. Alle folgenden Load- und
Save-Befehle etc. beziehen sich ohne weitere Angaben auf
diesen Ordner. Durch CHDIR ".." gelangt man zurück in
die nächsthöhere Hierarchie auf der Diskette.

RMDIR   löscht einen Ordner

RMDIR "Ordner"

Nicht mehr benötigte Ordner lassen sich mit diesem Befehl
beseitigen. Die zu löschenden Ordner müssen aber erst
vollständig "geleert" werden, bevor man sie entfernen kann.
Der Versuch, einen Ordner mit Inhalt zu löschen, führt
zum TOS-Fehler #36.

BACKUP

BACKUP "Name"

Der Befehl BACKUP erzeugt eine Kopie des Files "Name". Die Kopie wird im selben Pfad mit gleichem Namen abgespeichert, erhält aber die Extension ".BAK".

COPY

COPY "Pfadname1" TO "Pfadname2"

Das unter Pfadname1 stehende Programm wird nach Pfadname2 kopiert. Die Pfadnamen müssen dabei komplett angeführt sein, für den Zielpfad darf nicht "...*.*" angegeben werden.

COPY kann mit den Jokerzeichen * und ? auch mehrere Files auf einmal kopieren:

```
COPY "A:\*.BAS" TO "B:\"
```

kopiert alle Files mit der Extension ".BAS" auf die Diskette B. Bei diesem Befehl muß im übrigen die Extension immer angegeben werden.

NAME AS

NAME "Alt" AS "Neu"

Dieser Befehl wandelt den Namen eines Programmes von "Alt" in "Neu" um. Dabei muß die Extension jeweils angegeben werden. Der neue Name muß außerdem zu derselben Directory-Ebene gehören wie der alte. Diese muß als Suchpfad angegeben sein.

FRE

A=FRE(Laufwerk:)

A=FRE(0)

A=FRE("")

Syntax 1 ermittelt den freien Speicherplatz im gewünschten Laufwerk. Syntax 2 ermittelt den freien Speicherplatz innerhalb des Rechners. Dies geschieht auch bei Syntax 3, jedoch wird hier zusätzlich eine Garbage Collection erzwungen. Der Rechner wird also von Speichermüll befreit, alle nicht mehr benutzten Stringvariablen werden dabei beseitigt, (eine solche Garbage Collection kann unter Umständen Minuten beanspruchen).

KILL

KILL "Name"

Löscht das Programm "Name" von der Diskette. Diese Löschung ist endgültig, KILL besitzt keine Sicherheitsabfrage.

"Name" kann wieder ein kompleter Suchpfad sein, eine vorhandene Extension muß mit angegeben werden.

BLOAD

BLOAD "Name" [,Adresse]

Lädt die Datei "Name" an die gewünschte Adresse. Wird für Adresse kein Wert angegeben, so wird "Name" auf den Bildschirm geladen.

BSAVE — speichert einen Speicherbereich

BSAVE "Name" [,Adresse,Länge]

Werden die Werte für Adresse und Länge gegeben, so werden die entsprechenden Bytes ab der Adresse abgespeichert. Fehlen diese Angaben, so wird der Bildschirm gesichert.

4.6 Befehle zur Peripherie-Handhabung

OPEN — öffnet einen Datenkanal

OPEN "Dateityp",Kanalnummer [,"Name" [,Datensatzlänge]]

Eröffnet einen Datenkanal. Je nach "Dateityp" können verschiedene Arbeiten getätigt werden.

I   Öffnet Datei, um sequentielle Daten zu lesen. (Input).
O   Öffnet Datei, um sequentielle Daten zu schreiben. (Output).
A   Daten an eine sequentielle Datei anfügen. (Append).
R   Eröffnet eine Random-Access-Datei, auch relative Datei genannt, (sowohl lesen als auch schreiben).
F   Files; ergibt Inhaltsverzeichnis.
P   Druckerkanal.
C   Bildschirm und Tastatur über Datenkanal ansprechen.
K   Zum Senden von Befehlen an den Tastaturprozessor.
V   Spricht die RS232-Schnittstelle an.
M   Spricht den MIDI-Port an.

Die Kanalnummer unterscheidet die einzelnen geöffneten Kanäle. Hier sind Werte zwischen 1 und 16 möglich. "Name" bezeichnet, wie die Datei auf der Diskette benannt werden soll. Es kann ein vollständiger Pfadname genannt werden.

Die letzte Angabe, die Datensatzlänge, interessiert nur in Verbindung mit relativen Dateien. Es wird damit die Länge eines Datensatzes angegeben.

PRINT# — schreibt in einen Datenkanal

PRINT# Kanalnummer,Ausgabe

Verhält sich wie der normale PRINT-Befehl, schreibt jedoch nicht auf den Bildschirm, sondern in die Datei, die unter der Kanalnummer geöffnet wurde.

WRITE# — schreibt in einen Datenkanal

WRITE# Kanalnummer,Ausgabe

Für diesen Befehl gilt gleiches wie für PRINT#. Der Unterschied besteht darin, daß sowohl Kommas als auch Anführungszeichen mitgeschrieben werden.

INPUT# — liest Daten aus einem Kanal

INPUT# Kanalnummer,Variablenliste

INPUT# liest aus einer durch OPEN geöffneten Datei Daten in die Variablenliste. Als Trennzeichen akzeptiert INPUT# Kommas und Return (CHR$(13)).

LINE INPUT# — liest Daten aus einem Kanal

LINE INPUT# Kanalnummer,Variablenliste

Verhält sich in etwa wie INPUT#, als Trennzeichen wird allerdings nur das Return-Zeichen gewertet. Kommas werden wie andere Zeichen auch einfach eingelesen.

INPUT$ liest Anzahl von Zeichen aus einer Datei

A$=INPUT$(Anzahl,Kanalnummer)

Liest die angegebene Anzahl von Zeichen aus der geöffneten Datei. (Siehe auch Kapitel 2.1: Eingabe über Tastatur)

FIELD definiert Datensatz

**FIELD [#] Kanalnummer,Zeichenanzahl
[AS Stringvariable][,Zeichenanzahl AS Stringvariable...]**

Richtet einen Dateibuffer der gewünschten Länge ein. Dieser wird für relative Dateien benötigt. Kanalnummer ist der Datenkanal, der mit OPEN "R" geöffnet wurde. Bei der Verwendung des Dateibuffers muß man beachten, daß die Summe der Stringlängen mit dem Wert der OPEN-Vereinbarung übereinstimmt.

PUT schreibt den Dateibuffer auf Diskette

PUT Kanalnummer,Satznummer

Schreibt den Dateibuffer als den gewünschten Satz in eine Random-Access-Datei.

GET liest Datensatz von Diskette

GET Kanalnummer,Satznummer

Dies ist das Gegenstück zum PUT-Befehl. Er bewirkt, daß der spezifizierte Datensatz in den Dateipuffer gelesen wird.

LOC ermittelt Datensatznummer

A=LOC(Kanalnummer)

Diese Funktion gibt als Antwort die Nummer des Datensatzes, der zuletzt gelesen oder geschrieben wurde. LOC ist also nur in Verbindung mit Random-Access-Dateien sinnvoll.

CLOSE schließt einen Datenkanal

CLOSE [Kanalnummer]

Schließt einen mit OPEN geöffneten Datenkanal. Wird keine Kanalnummer angegeben, so werden alle offenen Datenkanäle geschlossen. Dieses Schließen ist sehr wichtig, da ansonsten die in den Buffer geschriebenen Daten verlorengehen können.

LOF gibt Länge einer Datei an

A=LOF(Kanalnummer)

1. Mit "I" geöffnete Datei:
   LOF liefert die Länge der Datei inclusive EOF-Zeichen.

2. Mit "O" geöffnete Datei:
   LOF ergibt die Länge der bereits auf Diskette geschriebenen Daten an. Stehen noch Daten im Diskettenbuffer, so werden diese unterschlagen.

3. Mit "R" geöffnete Datei:
   Ergibt die Anzahl der Datensätze in dieser Datei.

EOF
signalisiert das Ende einer Datei

A=EOF (Kanalnummer)

Nimmt den Wert -1 (= wahr) an, sobald keine Daten mehr
in der Datei stehen. Solange noch Daten zur Verfügung
stehen, liefert die Funktion EOF den Wert 0.

Bei Random-Access-Dateien wird EOF wahr, wenn man
versucht hat, einen nicht mehr existenten Datensatz zu lesen.

4.7   Befehle zur Druckersteuerung

MODE LPRINT
Länderkennung für Drucker

MODE LPRINT "Länderkennzeichen"

Schaltet auf einen länderspezifischen Zeichensatz des
Druckers um (gilt für Epson und Kompatible). Gültige
Länderkennzeichen sind "D", "GB" und "USA".

LPRINT
schreibt auf den Drucker

LPRINT Ausgabe

Reagiert genau wie der PRINT Befehl, gibt jedoch auf den
Drucker aus. Der Befehl läßt sich nicht mit L? abkürzen!

LPOS ergibt Kopfposition des Druckers

A=LPOS(0)

Dieser Befehl ermittelt die Schreibkopfposition des Druckers. Er arbeitet allerdings nur im Textmodus korrekt. ESC-Sequenzen können das Ergebnis verfälschen. Das Argument 0 ist ohne Bedeutung.

HCOPY erstellt Hardcopy des Bildschirms

HCOPY

Bewirkt das gleiche wie die Tastenkombination Alternate-Help. Der Bildschirm wird als Hardcopy auf dem Drucker ausgegegeben. Dabei sollte bei Epsondruckern und Kompatiblen zuerst in der Druckeranpassung (Accessory auf Atari Language Disk) auf 960 Punkte je Zeile umgestellt werden.

HCOPY TEXT Hardcopy-Routine für Typenraddrucker

HCOPY TEXT

Gibt alle ASCII-Zeichen im Bildschirm auf dem Drucker aus. Der Befehl gilt nur für Screen 0. Dies funktioniert auch auf Matrixdruckern und bietet gegenüber dem Befehl HCOPY einen erheblichen Zeitgewinn. Dabei können allerdings auch keine Grafiken ausgedruckt werden.

CMD (Kanalnummer)

Dieser Befehl lenkt die Ausgabe von PRINT etc. um. Wurde mit dem OPEN-Befehl der Drucker angesprochen, so wirken nach dem CMD-Befehl alle Ausgabebefehle auf ihn.

CMD 0 schaltet diesen Zustand wieder ab.

5. Programmstrukturen

5.1 Programmausführung und -Steuerung

RUN   startet ein Programm

RUN [Zeilennummer]

RUN Label

Startet ein im Rechner befindliches Programm. Soweit kein spezielles Sprungziel angegeben wurde, so wird das Programm mit der ersten Zeile gestartet. Alternativ ist es möglich, entweder ein Label oder eine Startzeile anzugeben. RUN wird in der Regel im Direktmodus befohlen.

RUN löscht alle Variablen und überprüft, ob alle Schleifenkonstruktionen korrekt sind.

END   beendet ein Programm

END

END beendet ein Programm. Gleichzeitig werden alle geöffneten Dateien geschlossen, um einen Datenverlust zu vermeiden. Ein Programm, das mit END beendet wurde, läßt sich nicht mit CONT fortführen.

STOP

STOP

Wie bei END wird mit diesem Befehl ein Programm ge-
stoppt. Zum Unterschied dazu werden allerdings geöffnete
Dateien nicht geschlossen. Sie haben nun die Möglichkeit,
Variablen auf ihren Wert zu überprüfen. Schließen Sie
notfalls im Direktmodus mit CLOSE alle Dateien.

CONT

CONT [Ziel]

CONT [Startzeile] TO Endzeile

Mit CONT kann ein unterbrochenes Programm weiterge-
führt werden. Bedingung dafür ist aber, daß es zwischenzeitlich nicht verändert wurde. Außerdem dürfen seit der
Unterbrechung nicht mehr als 16 Tippfehler aufgetreten
sein. Wird CONT in Verbindung mit einem gültigen
Sprungziel befohlen, so wird das Programm an dieser Stelle
fortgesetzt.

Syntax 2 führt das Programm solange fort, bis die spezifizierte Zeile erreicht wird. Dort wird erneut unterbrochen.
Die Befehle STOP und CONT dienen in der Entwicklungs-
phase eines Programmes zum kontrollierten Abbruch, um
z.B. einzelne Variablen zu überprüfen.

NEW

NEW ["Name"]

Löscht ein Programm vollständig. Gleichzeitig werden alle
Variablen gelöscht. Wird mit dem Befehl ein Name einge-
gegben, so kann anschließend ein neu erstelltes Programm
mit einem einfachen SAVE unter diesem Namen abgespeichert werden.

REM Kommentar

' Kommentar

Sie können mit diesem Befehl ihr Programm verständlicher gestalten. Insbesondere erreichen Sie damit, daß Sie Ihr eigenes Programm auch noch nach längerer Zeit lesen können. Dazu können Sie nach REM oder ' einen beliebigen Kommentar in das Programm eingeben. Omikron-BASIC ignoriert alle Zeichen nach REM

5.2   Programmschleifen

FOR...NEXT   Zählschleife

FOR Zählvariable=Start TO Ziel [STEP Zählschritt]

...

NEXT Zählvariable[,Zählvariable2]

Die FOR..NEXT Schleife ist eine klassische Schleifenkonstruktion in BASIC. Sie wird so oft durchlaufen, wie dies in der Schleifenbedingung vorgesehen ist, mindestens aber einmal. Normalerweise wird bei jedem Durchlauf der Inhalt der Zählvariable um eins erhöht. Gibt man einen STEP an, so wird die Zählvariable jeweils um diesen Schritt erhöht.

Der Inhalt der Schleife endet mit dem NEXT- Befehl. An dieser Stelle wird die Zählvariable erhöht und entschieden ob ein weiterer Schleifendurchgang stattfinden kann.

FOR..NEXT-Schleifen lassen sich ineinander schachteln, man muß aber darauf achten, daß die innerste Schleife als erstes mit einem NEXT beendet wird. Mit der Verwendung von

```
NEXT Zählvariable1, Zählvariable2 [,...]
```

lassen sich mehrere Schleifenkörper gleichzeitig beenden.

REPEAT..UNTIL

REPEAT

...

UNTIL Bedingung

Diese Schleifenkonstruktion führt ihre Abbruchbedingung im UNTIL-Statement am Schluß. Nach jedem Durchgang wird überprüft, ob die Bedingung bereits erfüllt ist. Verläuft die Überprüfung positiv, so wird mit dem nächsten Befehl außerhalb der Schleife weitergemacht. Andernfalls wird die Schleife erneut durchlaufen. Auch REPEAT..UNTIL-Konstruktionen lassen sich beliebig schachteln.

Eine REPEAT..UNTIL-Konstruktion wird auf jeden Fall einmal durchlaufen.

WHILE...WEND

WHILE Bedingung

...

WEND

Die Schleife wird solange durchlaufen, bis die Bedingung nicht mehr erfüllt ist. Daher wird bereits am Anfang getestet, ob sie durchlaufen werden soll. Es ist also möglich, daß der Schleifenkörper erst gar nicht betreten wird, nämlich dann, wenn die Bedingung bereits am Anfang nicht erfüllt wird. Das Programm fährt dann mit dem ersten Befehl im Anschluß an das WEND fort.

Auch WHILE..WEND-Schleifen lassen sich beliebig schachteln.

EXIT [TO Ziel]

EXIT Anzahl_Strukturen

Trifft Omikron-BASIC während einer Schleife auf EXIT, so wird diese beendet, auch dann, wenn die eigentliche Abbruchbedingung noch nicht erfüllt ist. Omikron-BASIC fährt mit dem Befehl fort, der auch bei einem regulären Abbruch als nächstes bearbeitet werden müßte. Mit dem Zusatz "TO Ziel" kann man dies aber übergehen, es wird dann die angewiesene Stelle angesprungen.

EXIT Anzahl_Strukturen verläßt mehrere Schleifenstrukturen gleichzeitig.

5.3   Programmverzweigungen

Bei Omikron-BASIC gibt es verschiedene Möglichkeiten der Programmverzweigungen. Sprünge können entweder zu einer Programmzeile führen oder zu einem Label. Ein solches Label muß als solches definiert sein, d.h. es muß am Zeilenanfang stehen und als erstes Zeichen vor dem Namen ein Minuszeichen führen. Dies Minus gehört nicht zum Namen des Labels.

GOTO Ziel

Der Befehl GOTO verzweigt das Programm zur befohlenen Position. Omikron-BASIC erlaubt für Ziel sowohl eine Zeilennummer als auch ein Label. Es ist sogar möglich, das Sprungziel durch eine Berechnung innerhalb des Befehles zu ermitteln bzw. ein Label durch eine Stringvariable zu übergeben. Soll das Sprungziel durch eine Variable bestimmt werden, so muß diese in runde Klammern gesetzt werden, damit sie von einem Label zu unterscheiden ist.

GOSUB unbedingter Sprung in ein Unterprogramm

GOSUB Ziel

Dieser Befehl springt ein Unterprogramm an. Ziel darf in der gleichen Form vorliegen wie bei GOTO. Das Programm arbeitet an dieser Stelle weiter, merkt sich aber die Position, an der der GOSUB-Befehl steht. Am Ende des Unterprogrammes wird dann zurückgesprungen. Omikron-BASIC arbeitet anschließend den nächsten Befehl nach dem GOSUB ab.

RETURN markiert das Ende eines Unterprogrammes

RETURN

Mit RETURN wird jedes Unterprogramm abgeschlossen. Omikron-BASIC springt zurück zum aufrufenden GOSUB und arbeitet am folgenden Befehl weiter.

ON GOTO Sprungbefehl mit mehreren möglichen Zielen

ON Wert GOTO Ziel1,Ziel2 [,Ziel3...]

Je nach dem Inhalt von Wert wird nach einer anderen Position verzweigt. Für INT(Wert)=1 wird nach dem ersten Ziel verzweigt, für Wert=2 zum zweiten und so weiter. Ist Wert=0 bzw. größer als die Anzahl der Ziele, so wird der Befehl ignoriert. Die Ziele können in einer beliebigen Form angesprochen werden, es dürfen Label mit Zeilennummern gemischt werden, jede auch bei GOTO erlaubte Adressierung ist statthaft.

ON GOSUB Sprungbefehl mit verschiedenen Zielen

ON Wert GOSUB Ziel1,Ziel2 [,Ziel3...]

ON GOSUB entspricht in der Auswahl der Sprungziele dem Befehl ON GOTO. Die Ziele sind allerdings Unterprogramme. Mit dem ersten RETURN wird zum aufrufenden ON GOSUB zurückverzweigt.

ON KEY GOSUB verzweigt bei Tastatureingabe

ON KEY GOSUB Ziel

ON KEY GOSUB 0

Verzweigt zu einem Unterprogramm, sobald eine Taste gedrückt wird. Dort sollte als erster Befehl ON KEY GOSUB 0 stehen, um die Überwachung auszuschalten, da es sonst zu Komplikationen kommen kann. Der Befehl kann z.B. dazu genutzt werden, um mit dem Hauptteil des Programmes Aufgaben zu lösen, die automatisch bei Eingaben unterbrochen werden müssen.

ON HELP GOSUB verzweigt bei gedrückter Help-Taste

ON HELP GOSUB Ziel

ON HELP GOSUB 0

Mit ON HELP GOSUB wird die Überwachung der Help-Taste angeordnet. Dazu reicht es, den Befehl einmal auszuführen. Ab diesem Zeitpunkt wird nach Ziel verzweigt, sobald die Help-Taste gedrückt wird. Die Überwachung findet dabei im Hintergrund statt; sie erfolgt solange, bis der Befehl nach Syntax 2 die Überwachung abbricht.

Bei einer Verzweigung wird der Tastencode der Help-Taste aus dem Tastaturpuffer gelöscht. Vorstellbar mit diesem Befehl ist z.B. ein Unterprogramm, das einen Hilfsbildschirm mit einer Befehlsübersicht einblendet.

ON MOUSEBUT GOSUB — verzweigt bei gedrückter Maustaste

ON MOUSEBUT GOSUB Ziel

ON MOUSEBUT GOSUB 0

Dieser Befehl überwacht die Mausknöpfe. Wie auch schon seine Vorgänger muß er lediglich einmal gegeben werden. Die Überwachung läuft im Hintergrund ab, man bemerkt lediglich das Ergebnis. Es reicht aus, wenn einer der beiden Mausknöpfe gedrückt wird. Die Auswertung muß dann ein Unterprogramm ab Ziel übernehmen.

ON TIMER GOSUB — verzweigt nach einer Zeitspanne

ON TIMER Zeitspanne GOSUB Ziel

ON TIMER GOSUB 0

Wird dieser Befehl benutzt, so springt Omikron-BASIC in regelmäßigen Abständen zur Routine Ziel. Die Häufigkeit dieser Sprünge wird durch den Wert Zeitspanne festgelegt. Hier ist eine Abstufung in Schritten zu 1/200 Sekunden erlaubt. Bei ON TIMER GOSUB 0 wird die Verzweigung beendet.

Zum Schluß noch eine Bemerkung: Omikron-BASIC ist zwar sehr schnell, kennt aber doch Grenzen. Man sollte deshalb bei der Verzweigungsrate realistische Zeiten verwenden. Es muß sichergestellt werden, daß das Unterprogramm ab Ziel in einer kürzeren Zeitspanne abgearbeitet werden kann als die, die bis zur nächsten Verzweigung bleibt. Andernfalls werden ständig neue Rücksprungadressen auf den Stack geschrieben, auf kurz oder lang gibt es einen Overflow Error. Mit diesem Befehl ist ein kleines Multitasking-System möglich, beispielsweise eine Uhr, die ständig angezeigt wird.

IF...THEN — Verzweigung in Abhängigkeit einer Bedingung

IF Bedingung THEN Befehl

IF Bedingung THEN

   ...
   [ELSE
   ...]
   ENDIF

Die Bedingung hinter IF wird ausgetestet. Ist sie erfüllt, wird der Befehl hinter THEN ausgeführt, andernfalls wird das Programm erst in der nächsten Zeile fortgesetzt. Bei Omikron-BASIC darf man allerdings auch einen mehrzeiligen Programmblock anführen. Dieser geht dann bis zum ELSE bzw. ENDIF. Die Befehle innerhalb des ELSE-Blockes werden nur dann ausgeführt, wenn die Bedingung nicht erfüllt war. Diese Konstruktion führt also entweder den einen oder den anderen Block aus. In Verbindung mit ELSE ist es nicht möglich, beide Blöcke ausführen zu lassen.

Als Bedingung ist jede Abfrage möglich, die ein Boolsches Ergebnis liefert, es können auch mehrere Bedingungen durch logische Verknüpfungen in Zusammenhang gebracht werden.

5.3.1 Funktionen und Prozeduren

DEF FN   definiert eine Funktion

DEF FN Name(Parameter [,Parameter...])= Ausdruck

Omikron-BASIC erlaubt es Ihnen, eigene Funktionen zu
definieren. Diese Funktionen können dann mit FN Namen
aufgerufen werden und liefern wie von Standardfunktionen
gewohnt einen Funktionswert. In der Definitionszeile kann
bestimmt werden, wieviele Parameter übergeben werden
sollen. Diese Parameter können Zahlen beliebiger Genauigkeit sein. Alle innerhalb einer Definition verwendeten Variablen werden lokal behandelt, haben also außerhalb der
Definition keinen Wert.

Ausdruck darf bei der Definition eine beliebige Gleichung
sein. Der Funktionswert ergibt sich dann aus der Verknüpfung der Eingabe-Parameter nach dieser Vorschrift.

Ihre Funktion kann sich auch über mehrere Zeilen er-
strecken, dann darf allerdings in der ersten Zeile kein
Gleichheitszeichen stehen. Die Rückantwort (der Funktionswert) wird dann mit

```
RETURN Ausdruck
```

bestimmt. Dabei dürfen in einer mehrzeiligen Funktion
auch Schleifen und Verzweigungen vorkommen. Ebenso ist
es erlaubt, je nach Bedarf mehrere Rückgaben zu definieren.

Funktionen können sich auch rekursiv auffrufen.

Leider ist der Befehl DEF FN in Verbindung mit FN feh-
lerhaft. Es können keine Stringvariablen übergeben werden.
Der Versuch führt zu einem Fehler.

FN

A=FN Name(Parameter [,Parameter...])

So wird eine definierte Funktion aufgerufen. Dabei muß man natürlich darauf achten, das Typ und Anzahl der Parameter mit der Definition übereinstimmen. Die Namen der Variablen spielen dabei keine Rolle. In A erhält man dann den Rückgabewert der Funktion.

DEF PROC

DEF PROC Name

DEF PROC Name(Parameter [,Parameter...])

Hier sind Sie in der Lage, eigene Befehle zu definieren. Eine Prozedur ist in gewisser Weise ein Unterprogramm, sie wird auch wie ein solches mit

```
RETURN
```

abgeschlossen. Allerdings können Sie hier auch eine Parameterliste mit übergeben. Alle in dieser Liste stehenden Variablen werden innerhalb der Prozedur lokal behandelt. Werden darüber hinaus noch weitere Variablen innerhalb der Definition benutzt, so sind diese erst einmal global (siehe auch LOCAL). Eine Prozedur kennt normalerweise keine Rückgabeparameter. Dies läßt sich aber mit einer kleinen Veränderung in der Parameterliste erreichen. Hier muß man vor den Namen der gewünschten Rückgabevariablen ein "R " setzen.

Beispiel:

```
DEF PROC Name (X,R Antwort1,R Antwort2)
Antwort1=X*Antwort2
Antwort2=X*X:Rem Nur als Beispiel
RETURN
```

Aufruf: Name (Var1,Var2,Var3). Unter den Namen Var2 und Var3 sind nach der Bearbeitung der Prozedur die Rückgabewerte zu finden. Sie standen beim Aufruf an der Position, die im Definitionsteil mit "R " gekennzeichnet war.

PROC   ruft eine Prozedur auf

[PROC] Name [(Parameterliste)]

Aufruf der Prozedur. Der Befehl PROC braucht nicht eingegeben werden, er dient nur zur Übersichtlichkeit. Omikron-BASIC ist in der Lage, die richtige Prozedur allein am Namen zu erkennen. Ist bei der Definition der Prozedur eine Parameterliste angelegt worden, so muß beim Aufruf eine gleiche Parameterliste geliefert werden. Dabei interessieren natürlich lediglich die Variablentypen, die Namen sind ohne Belang.

LOCAL   definiert Variablen als lokal

LOCAL Variablenliste

LOCAL Variable[=Wert]

Mit LOCAL lassen sich Variablen in Funktionen und Prozeduren als lokal definieren. Alle Variablen, die hinter LOCAL aufgeführt werden, haben lediglich innerhalb der Prozedur (Funktion) eine Bedeutung. Sollten außerhalb Variablen des selben Namens auftauchen, so werden diese nicht verändert. Der Wert einer lokalen Variable läßt sich nur innerhalb der Struktur abfragen, in der die Variable als lokal definiert wurde.

Jede Variable läßt sich mit Syntax2 direkt mit der Definition mit einem Wert vorbelegen.

5.3.2 Fehler-Handling

Im Normalfall wird beim Auftreten eines Fehlers die Ausführung des Programmes unterbrochen. Dies kann sehr är-
gerlich sein, zumal wenn es sich um einen Fehler handelt,
der leicht hätte korrigiert werden können. Omikron-BASIC
kennt einen Befehl, der diese Abbrüche unterbindet.

ON ERROR GOTO	verzweigt bei einem auftretenden Fehler

ON ERROR GOTO Ziel

ON ERROR GOTO 0

Omikron-BASIC verzweigt bei jedem Fehler zu dem Programmteil ab Ziel. Dort können dann aufgetretene Fehler
behandelt werden. Eine Systemfehlermeldung wird nicht
ausgegeben. Abgeschaltet wird diese Verzweigung mit ON
ERROR GOTO 0.

ERR	enthält die Fehlernummer

A=ERR

Bei Verzweigungen nach einer eigenen Fehlerroutine ist es
von großem Interesse zu erfahren, was für ein Fehler aufgetreten ist. Die Systemvariable ERR enthält dazu die aktuelle Fehlernummer.

ERL	enthält die Zeile, in der der Fehler aufgetreten ist

A=ERL

Diese Systemvariable enthält die Zeilennummer, in der der
Fehler aufgetreten ist.

ERR$ enthält die Fehlermeldung

A$=ERR$

ERR$ ist eine Systemvariable, in der die aktuelle Fehlermeldung abgespeichert ist.

ERROR simuliert einen Fehler

ERROR Fehlernummer

Dieser Befehl simuliert das Auftreten eines Fehlers. Wird dieser Befehl innerhalb eines Programmes gegeben, so wird entweder (soweit vorhanden) zur existierenden Fehlerroutine verzweigt oder das Programm abgebrochen und die Fehlermeldung ausgegeben.

RESUME führt das Programm nach einem Fehler fort

RESUME Ziel

RESUME [Next]

Mit RESUME wird eine selbstprogrammierte Fehlerroutine beendet. Syntax 1 versucht, das Programm ab der Adresse Ziel weiterzuführen, Syntax 2 versucht, entweder den Befehl zu wiederholen, der den Fehler verursacht hat oder (bei RESUME NEXT) führt das Programm ab dem direkt darauf folgenden Befehl aus.

Tritt in der Fehlerroutine ein Fehler auf, so wird das Programm abgebrochen, es werden beide Fehlermeldungen ausgegeben.

5.4 GEM-Aufrufe

Unter Omikron-BASIC ist es möglich, jede GEM-Routine zu verwenden. Der einfachste Weg, dies zu tun, führt über die GEM-Library, die als Programm GEMLIB.BAS auf der Diskette zu finden ist. Dort sind alle verwendbaren GEM-Aufrufe als Prozeduren definiert. Sie lassen sich mit ihrem Namen aufrufen. Es versteht sich von selbst, daß diese Library an ein Programm angehängt werden muß um sie benutzen zu können. Nach dem Laden durch MERGE läßt sich jeder Aufruf im Direktmodus erledigen.

Der erste Aufruf, der geschehen muß ist APPL_INIT. Damit wird das Programm beim GEM angemeldet. Gleichzeitig benutzt Omikron-BASIC diese Routine, um wichtige Felder zu DIMensionieren (Ctrl, Intin, Addrout etc.).

Eine Beschreibung der einzelnen Routinen erfolgt im Anhang GEM-Library.

Omikron-BASIC kennt aber auch einige GEM-Aufrufe, die direkt ausgeführt werden können.

FORM_ALERT   erzeugt eine Alarmbox

FORM_ALERT(Default,"[Symbol][Text][Buttons]"

FORM_ALERT(Default,"[Symbol]
  [Text][Buttons]",Rückgabe)

Mit diesem einfachen Befehl kann man eine Alarmbox erzeugen. Achtung: Die eckigen Klammern im String gehören zum Befehl, sie müssen unbedingt mit eingegeben werden. Eine Alarmbox darf maximal drei Zeilen Text und drei Knöpfe haben. Ein "|"-Zeichen in [Text] oder [Button] trennt den Inhalt der einzelnen Zeilen oder Knöpfe auf. Mit Default =0 bis [Anzahl der Knöpfe] wird festgelegt, welche Antwortmöglichkeit mit RETURN angewählt werden kann.

[Symbol] wählt das Icon aus, das in der Alarmbox erscheint:

1	Symbol !
2	Symbol ?
3	Symbol STOP

In der Variable Rückgabe steht nach der Auswahl die Nummer des angewählten Knopfes.

FILESELECT   Auswahlbox zur Dateieingabe

FILESELECT(Pfadname,Dateiname,Rückgabe)

Dieser Befehl erzeugt eine File-Select-Box, wie man sie aus verschiedenen Programmen, wie auch dem Run-Only-Interpreter kennt. Pfadname muß eine Stringvariable sein, in der ein korrekter Suchpfad steht. Dateiname bezeichnet die Vorauswahl, die getroffen ist. Auch Dateiauswahl muß in Form einer Stringvariable eingegeben sein, diese darf aber leer sein. In Rückgabe findet der Programmierer eine 0, wenn die Abbruch-Box angeklickt wurde bzw. ein sonstiger Fehler auftrat. Findet sich dort eine 1, so kann man den ausgewählten Dateinamen aus der Stringvariable Dateiname holen.

5.4.1 Fensterprogrammierung

Fenster sind die Ausgabebereiche für GEM-Programme. GEM erlaubt den Aufruf von insgesamt vier Fenstern. Sie kennen das Aussehen und die damit verbundenen Möglichkeiten vom Desktop her.

Um ein Fenster auf den Bildschirm zu bringen, benötigt es mehrerer Schritte:

1.   GEM anmelden: Appl_Init

2.   Wind_Create: Ergibt eine Fensternummer; gleichzeitig werden die Möglichkeiten festgelegt (Fullbox, Slider etc.

3.   Wind_Open: Bringt das Fenster auf den Bildschirm.

4.	Clip: Schützt den Fensterrahmen vor dem Über-
schreiben.

Zu diesem Zeitpunkt ist das Fenster auf dem Bildschirm, es
kann genutzt werden.

5.	Wind_Close: Schließt ein Fenster.

6.	Wind_Delete: Meldet ein Fenster wieder ab.

7.	Appl_Exit: GEM Abmelden.

Dies kann natürlich keine ausführliche Erklärung für die
Fensterprogrammierung werden, hier hilft nur eine Zu-
satzlektüre. Als Beispiel gibt es hier das Programm
GEMDEMO.BAS.

5.4.2 Direktaufrufe des GEM

AES   ruft AES auf

**AES(Opcode, GLOBAL-Array, INTIN-Array,
   ADDRIN-Array, INTOUT-Array, ADDROUT-Array)**

Ruft eine Funktion des Application Environment Service
auf. Sieht man sich einmal die GEM-Library auf, so erkent
man, daß sie im ersten Teil aus solchen AES-Aufrufen besteht. Dort kann man auch am besten einige Beispiele finden. Im Aufruf werden die Namen der Arrays angegeben,
in denen das GEM (über den Umweg über Omikron-
BASIC) die Informationen findet. Der übergebene Index
der Arrays muß auf das erste leere Element zeigen. Achten
Sie bitte auch hier auf das Variablenformat (siehe
Appl_Init in GEMLIB.BAS).

VDI

VDI(Opcode,CONTRL-Array, INTIN-Array,
PTSIN-Array, INTOUT-Array, PTSOUT-Array)

Ruft eine Routine des Virtual Device Interface auf. Achten
Sie bitte auch hier auf das korrekte Format der Variablen.
Beispiele für die korrekte Handhabung finden Sie auch für
diesen Befehl in GEMLIB.BAS.

5.5   Datum und Uhrzeit

Unter Omikron-BASIC kann man sehr einfach die Systemvariablen für Datum und Uhrzeit abfragen.

DATE$

PRINT DATE$

Gibt das Datum im landesüblicher Form aus. Gestellt wird
das Datum durch

DATE$="24.12.88"   im MODUS "D" bzw.

DATE$="12/24/88"   im MODUS "USA".

TIME$

PRINT TIME$

TIME$ liefert die aktuelle Uhrzeit im Format "HH.MM.SS".
Analog zu DATE$ läßt sich die Uhr mit

```
TIME$=
```

stellen.

TIME$ und DATE$ sind die einzigen Systemvariablen, die
sich umstellen lassen.

TIMER

A=TIMER

In TIMER wird die Zeit festgehalten, die seit dem Einschalten des Rechners verstrichen ist. TIMER wird im Abstand von 1/200 Sekunden gesetzt, diese Systemvariable wird durch ein Setzen von TIME$ nicht beeinflußt.

WAIT — unterbricht die Programmausführung

WAIT Anzahl Sekunden

Bei diesem Befehl wird das Programm um die gewünschte Zeit unterbrochen. Die Wartezeit wird in Sekunden angegeben, da der Wert als Fließkommazahl eingegeben werden kann, kann jeder beliebige Bruchteil einer Sekunde gewartet werden. Dabei sind jedoch nur Schritte von 1/200 Sekunden möglich.

6. Variablen und Arithmetik

6.1 Variablentypen

Omikron-BASIC erlaubt, zwischen verschiedenen Standardvariablentypen umzuschalten. Eine Standardvariable benötigt kein Postfix zur Typ-Kennung. Das Umschalten auf einen Standardtyp muß in der ersten Programmzeile geschehen, folgende Standardtypen sind möglich.

DEFINT A-Z	Alle Variablen ohne Postfix besitzen den Typ Integer Word.
DEFINTL E-G	Alle Variablen ohne Postfix, die mit den Buchstaben aus dem Intervall von E-G beginnen, besitzen den Typ Long-Integer.
DEFSNG A,F	Alle Variablen ohne Postfix, die mit A oder F beginnen, besitzen den Typ Single-Float.
DEFDBL ...	Setzt den Standardvariablentyp auf Double-Float fest.
DEFSTR ...	Setzt den Standardvariablentyp auf String fest.

Mit diesen Vereinbarungen ist es also möglich, den Variablentyp vom Namen abhängig zu machen. Ich möchte aber vor Übertreibungen in dieser Richtung ausdrücklich warnen: Ein solches Programm ist spätestens nach einigen Wochen absolut unverständlich.

Zusätzlich zu dem oben gesagten gilt für Variablennamen noch folgendes: Ein Variablenname darf aus 31 Zeichen (Buchstaben, Zahlen oder Underline-Zeichen) bestehen, muß aber immer mit einem Buchstaben beginnen. Omikron-BASIC verwendet alle Zeichen zur Variablenkennung. Zusätzlich dürfen auch Variablen gleichen Namens, aber unterschiedlichen Typs verwendet werden. Auch diese werden korrekt unterschieden.

6.2 Variablenzuweisungen

LET   weist einer Variable einen Wert zu

LET Variable=Wert

Korrekter Befehl, um einer Variable einen Wert zuzuweisen. Bei Omikron-BASIC kann er weggelassen werden.

```
Variable=Wert
```

ist ausreichend.

READ   liest eine Variable aus einem Data-Block

READ Variable [,Variable,...]

Mit READ gibt es eine zweite Möglichkeit einer Variablen einen Wert zuzuweisen. Neben dem READ-Befehl bedarf es allerdings auch noch eines Data-Blocks. Dort sind die Daten untergebracht. READ liest nun die nächste Angabe aus dem Data-Block. Dabei wird intern ein Zeiger auf das nächste Element gesetzt. Der Anwender muß sicherstellen, daß READ eine Angabe des richtigen Variablentyps einliest.

```
READ A,B$
...
DATA 1378,"Tel-Nummer"
```

bewirkt das gleiche wie:

```
LET A=1378: LET B$="Tel-Nummer"
```

Der Versuch, mehr Daten einzulesen als im DATA-Block stehen, wird mit einem Fehler geahndet (siehe auch RESTORE).

DATA

DATA Angabe [,Angabe...]

Hinter dem DATA-Statement müssen die Daten aufgelistet werden, die von READ gelesen werden sollen. DATA-Zeilen werden bei der Ausführung des Programmes nicht weiter beachtet, sie können also an beliebiger Position im Programm stehen. Alle DATA-Zeilen bilden einen einzigen DATA-Block mit der gegebenen Reihenfolge.

Omikron-BASIC hat bei DATA-Zeilen eine Besonderheit: Zeichenketten werden nur dann als String anerkannt, wenn sie in Anführungszeichen stehen. Eine Zeichenkette ohne Anführungszeichen wird als Variablenname gewertet.

RESTORE

RESTORE

RESTORE Zeilennummer

RESTORE Label

Wie bereit erwähnt, wird bei Read-Data ein interner Zeiger mitgeführt, der auf das nächste zu lesende Element zeigt. Dieser Zeiger kann mit RESTORE verändert werden.

Syntax 1 setzt den DATA-Zeiger wieder auf das erste Element, d.h. mit der nächsten READ-Anweisung wird wieder das erste DATA-Element gelesen.

Syntax 2 setzt den DATA-Zeiger auf das erste Element ab der Zeilennummer.

Syntax 3 setzt den DATA-Zeiger auf die Zeile mit dem Label.

ON RESTORE

ON Wert RESTORE Ziel1,Ziel2 [,Ziel3....]

Je nach dem Inhalt von Wert wird der DATA-Zeiger umgestellt. Für Wert=1 wird der DATA-Zeiger auf Ziel1 gesetzt, für Wert=2 auf Ziel2 usw. Für Werte kleiner 1 oder größer als die Anzahl der Ziele (z.B. 5 Ziele und Wert >5) wird der Befehl ignoriert.

CLEAR

CLEAR [GEMDOS-Speicher] [,Stackgröße]]

Mit dem Befehl CLEAR werden einige Aktionen bewirkt:

- es werden alle Variablen gelöscht

- ON ERROR GOTO wird abgeschaltet

- alle Abfragen von Event_Multi werden beendet

- alle offenen Dateien werden geschlossen

- das Programm wird einer Semantik-Prüfung unterzogen

- der Winkelmodus Radiant wird eingeschaltet

Außerdem kann die gewünschte Größe des GEMDOS-Speichers bzw. des Prozessor-Stacks gewählt werden.

DUMP

DUMP

DUMP verschafft einen Überblick über belegte Variablen und deren Inhalte. Nach dem Befehl werden alle gebrauchten Variablen samt Inhalt auf den Bildschirm gebracht. Eine Ausnahme bilden Variablenfelder: Hier wird nur die Dimension angezeigt.

LDUMP

Funktioniert wie DUMP, das Ausgabegerät ist allerdings
der Drucker.

6.3 Integerzahlen und Variablen

Integerzahlen zeichnen sich durch schnelle Verarbeitbarkeit
und geringen Speicherbedarf aus. Omikron-BASIC kennt
vier verschiedene Typen von Integervariablen:

Long-Integer (%L)	Dieser Typ ist der Standardtyp nach dem Starten von Omikron-BASIC. Der Rechenbereich reicht von -2147483658 bis +2147483657. Jede Long-Integer Variable benötigt 4 Byte Speicherplatz.
Integer Word (%)	Rechenbereich von -32768 bis +32767 bei einem Speicherplatzbedarf von 2 Byte.
Integer Byte (%B)	Benötigt ein Byte Speicherplatz, der Rechenbereich liegt zwischen 0 und 255. Variablen dieses Types sind nur in Variablenfeldern zugelassen.
Boolean (%F)	Benötigt ein Bit Speicherbereich. Eine Boolean-Variable kann den Wert 0 (=falsch) und -1 (=wahr) annehemen. Dieser Typ ist ebenfalls nur in Variablenfeldern zugelassen.

6.4   Realzahlen und Variablen

Im Gegensatz zu den Integerzahlen haben Real- oder Fließkommazahlen auch einen Nachkomma-Anteil. Intern werden sie in Exponentialschreibweise abgespeichert. Dadurch haben sie einen wesentlich größeren Rechenbereich (+/- 5.11 E4931) bei allerdings eingeschränkter Genauigkeit.

Single Float (!)   Dieser Typ besitzt eine Rechengenauigkeit von 9.5 Stellen. Dafür benötigt er einen Speicherplatz von 6 Byte je Variable.

Double Float (#)   Dieser Typ hat eine Genauigkeit von 19 Stellen, benötigt aber auch 10 Byte Speicherplatz.

6.5   Mathematische Operationen

+   Addition
−   Subtraktion oder negatives Vorzeichen einer Zahl
*   Multiplikation
/   Division
\   Ganzzahldivision; das Ergebnis besitzt keine Nachkommastellen
MOD   Rest einer Division
^   Potenzierung

Vergleichsoperationen:

> "Größer"   A > B ergibt wahr (=-1), wenn der Ausdruck A größer als der Ausdruck B ist.

< "Kleiner"   A < B ist wahr, wenn der Ausdruck A kleiner als der Ausdruck B ist.

>= (bzw. =>)   "Größer oder gleich". Analog ">", die Gleichheit wird auch zugelassen.

<= (bzw. =<)	"Kleiner oder gleich".
=	"Gleich"
<>	"Ungleich"

Die Reihenfolge der Verknüpfung hält sich an die mathematischen Grundregeln:

1. Bearbeitung von Klammerausdrücken
2. Potenzieren
3. Negatives Vorzeichen
4. Punktrechenarten * und /
5. \ und MOD
6. Strichrechenarten + und -
7. Vergleichsoperationen >, <, >=, <=, = oder <>
8. Logische Verknüpfungen: AND, OR, XOR, IMP, EQV,NOT, NAND oder NOR.

FACT — berechnet die Fakultät einer Zahl

A=FACT(Wert)

FACT berechnet die Fakultät einer Zahl. Die Fakultät ist eine Abkürzung für das Produkt aller natürlichen Zahlen zwischen 1 und "Wert", also FACT(3)=1*2*3=6. Wert muß eine positive ganze Zahl sein.

SQR — berechnet die Wurzel einer Zahl

A=SQR(Wert)

SQR berechnet die Quadratwurzel einer positiven Zahl. Höhere Wurzeln lassen sich durch ein Potenzieren mit dem Kehrwert der gewünschten Wurzel berechnen: Die 7. Wurzel aus einer Zahl a berechnet sich mit $a^{(1/7)}$. Mit Omikron-BASIC lassen sich allerdings auch keine "ungeraden" Wurzeln aus negativen Zahlen ziehen. Hier muß bei Bedarf das Vorzeichen überwacht werden.

EXP

A=EXP(Wert)

Die Funktion EXP liefert Potenzen zur Basis e. Das kleine e steht dabei für eine der wichtigsten Zahlen überhaupt: 2.718281... - die Eulersche Zahl. Diese Zahl erhält man auch durch EXP(1). Die Eulersche Zahl dient als Basis des natürlichen Logarithmus.

LN

A=LN(Wert)

Berechnet den natürlichen Logarithmus (zur Basis e) der Zahl Wert. Wert darf weder negativ noch Null sein, da der Logarithmus nur für positive Zahlen definiert ist.

LOG

A=LOG(Basis,Wert)

Mit dieser Funktion läßt sich der Logarithmus einer Zahl zu jeder beliebigen Basis berechnen. Bei der Funktion muß sowohl Wert als auch Basis eine positive Zahl größer Null sein.

SGN

A=SGN(Wert)

Die Signum-Funktion SGN ist so definiert, daß man mit ihr das Vorzeichen einer Zahl bestimmen kann. Sie liefert

-1   für negative Zahlen
 0   für die Zahl 0
+1   für positive Zahlen.

ABS   Betragsfunktion

A=ABS(Wert)

Die Betragsfunktion liefert für positive Zahlen die Zahl
selber, für negative Zahlen ändert sie das Vorzeichen. Das
Ergebnis ist also immer positiv.

INT   schneidet den Nachkommateil ab

A=INT(Wert)

Hier wird eine Zahl von ihrem Nachkomma-Anteil befreit.
Die Zahl wird also quasi in eine Integerzahl umgewandelt.
Beachten muß man aber, das INT eine Zahl in die nächst
kleinere ganze Zahl umwandelt. Demnach ist INT(-3.78)=-
4!

FIX   schneidet den Nachkommateil ab

A=FIX(Wert)

FIX erledigt auf den ersten Blick dasselbe wie INT. Der
Unterschied liegt bei den negativen Zahlen: Auch hier
trennt FIX lediglich den Nachkommateil ab, die Zahl wird
also verkleinert.

FRAC   liefert den Nachkommateil einer Zahl

A=FRAC(Wert)

FRAC ist genau das Gegenteil von FIX. Diese Funktion entfernt den Anteil vor dem Komma. Wendet man FRAC auf eine Integerzahl an, so bekommt man als Antwort den Wert 0.

MAX   liefert den größeren zweier Ausdrücke zurück

Ergebnis=MAX(Ausdruck1,Ausdruck2)

MAX vergleicht die beiden Ausdrücke und liefert als Ergebnis den größeren zurück. Die Ausdrücke können dabei beliebig gewählt werden, solange man nicht versucht, eine Zahl mit einem String zu vergleichen. Werden zwei Zahlen untersucht, so entscheidet die mathematische Ordnung. Beim Vergleich zweier Strings werden diese Zeichenweise verglichen, entscheidend ist der ASCII-Wert.

```
MAX("abc","abcd") liefert den String "abcd" als Ergebnis.
```

MIN   liefert den kleineren zweier Ausdrücke als Ergebnis

Ergebnis=MIN(Ausdruck1,Ausdruck2)

Der Befehl MIN arbeitet konträr zum Befehl MAX, ermittelt wird der kleinere der Ausdrücke. Auch hier kann man sowohl Zahlen untereinander als auch Stringausdrücke vergleichen.

SWAP
vertauscht zwei Variableninhalte

SWAP Variable1,Variable2

Dieser Befehl vertauscht die Inhalte der beiden Variablen. Dazu müssen die Typen der beiden Variablen identisch sein. Der Inhalt einer Integer-Word-Variable läßt sich nicht mit dem einer Variable des Typs Long-Integer austauschen, auch wenn dies von der Größe des Inhaltes möglich wäre. Noch drastischer ist dies bei Stringvariablen: Hier ist es nicht einmal möglich, eine "normale" Stringvariable mit einer Feld-Stringvariable auszutauschen.

RND
liefert eine Zufallszahl

A=RND(Wert)

Bei diesem Befehl gibt es zwei Möglichkeiten:

▸ Das Argument ist kleiner als 1 (aber größer 0). In diesem Fall liefert die Funktion einen Wert zwischen 0 und 0.99999999 (inclusive).

▸ Das Argument ist vom Betrag her größer 1. Nun liefert RND eine Zufallszahl zwischen 0 und dem Argument. Die Ergebnisse liegen im Bereich inclusive der kleineren und exclusive der größeren Grenze.

Verwendet man eine Zahl zwischen 0 und -1 so ergibt RND das Ergebnis -1.

RND(0) wiederholt die letzte Zufallszahl.

6.5.1 Trigonometrische Funktionen

PI   **Kreiszahl π**

PI

Bei Omikron-BASIC kann man mit PI die Kreiszahl π erreichen. Sie wird als Double-Float-Konstante behandelt. PI
ist das Verhältnis zwischen Umfang und Durchmesser eines
Kreises. Diese Zahl ist für trigonometrische Berechnung
unerläßlich.

RAD   **stellt auf den Winkelmodus Radiant um**

RAD

Hiermit wird der Winkelmodus Radiant eingestellt. Alle
winkelabhängigen Funktionen erwarten das Argument in
Radiant. Winkel bewegen sich also im Bereich von 0 bis 2 .
Radiant ist der Standardmodus bei Omikron-BASIC. Bei
jedem CLEAR, RUN, Zeilenänderungen oder ähnlichem
wird der Winkelmodus Radiant eingestellt.

DEG   **stellt auf den Winkelmodus Altgrad um**

DEG

Nach dem Befehl DEG arbeiten die trigonometrischen
Funktionen im Modus Altgrad. Winkel können also im In-
tervall von 0 bis 360 Grad liegen. Dieser Modus wird durch
CLEAR, RUN oder ähnlichem wieder verlassen.

SIN

A=SIN(Winkel)

Diese Funktion berechnet den Sinus eines Winkels. Der Sinus ist definiert als Quotient zwischen Gegenkathete und Hypothenuse eines rechtwinkeligen Dreiecks. Normalerweise muß das Argument in Radiant angegeben werden, Omikron-BASIC erlaubt auch eine Eingabe im Altgradmodus, dies allerdings nur nach einer Umstellung durch den Befehl DEG.

ARCSIN

A=ARCSIN(Wert)

Diese Funktion berechnet bei einem gegebenen Längenverhältnis einen der Basiswinkel eines rechtwinkeligen Dreiecks aus. Sie ist die Umkehrfunktion zum Sinus. Daraus folgt, daß sich das Argument Wert nur in einem Bereich zwischen -1 und 1 bewegen darf. Das Ergebnis wird je nach Winkelmodus in Altgrad oder Radiant gegeben.

COS

A=COS(Winkel)

Berechnet den Cosinus eines Winkels. Als Cosinus bezeichnet man das Verhältnis von Ankathete zur Hypothenuse eines rechtwinkeligen Dreiecks. Das Argument Wert darf je nach Voreinstellung in Radiant oder Altgrad gegeben werden.

ARCCOS Umkehrfunktion zum Cosinus

A=ARCCOS(Wert)

ARCCOS dient zum Zurückrechnen auf einen Winkel. Wert darf sich im Bereich von -1 bis 1 bewegen, das Ergebnis wird je nach Winkelmodus in Altgrad oder Radiant ausgegeben.

TAN Tangensfunktion

A=TAN(Winkel)

Die Tangensfunktion ist der Quotient aus Sinus und Cosinus. Geometrisch gedeutet gibt sie die Steigung einer Geraden an. Der Winkel darf je nach Modus in Altgrad oder Radiant angegeben werden.

ARCTAN Arcustangensfunktion

A=ARCTAN(Wert)

A=ATN(Wert)

Omikron-BASIC kennt zwei Befehle, um den Arctangens eines Argumentes zu berechnen. Der erste entspricht der mathematischen Bezeichnug, der andere existiert wohl aus Kompatiblitätsgründen. Bei beiden Möglichkeiten wird das Ergebnis standardmäßig im Bogenmaß (Radiant) ausgegeben. Durch den Befehl DEG läßt sich der Ausgabemodus auf Altgrad umstellen.

COT

A=COT(Winkel)

Der Cotangens ist der Quotient aus Cosinus und Sinus, ist also nichts anderes als der Kehrwert des Tangens. Winkel darf auch hier entsprechend der Voreinstellung in Altgrad oder Bogenmaß eingegeben werden.

ARCOT

A=ARCOT(Wert)

Auch zum Cotangens bietet Omikron-BASIC eine Umkehrfunktion, sie wird mit dem Befehl ARCOT angesprochen.

SEC

A=SEC(Winkel)

Die Secansfunktion ist heutzutage nur noch wenig in Gebrauch. Hauptsächlich in der Astronomie findet sie noch Verwendung. Der Grund dafür ist sehr einfach zu finden: Die Secansfunktion liefert den Kehrwert der Cosinusfunktion. Eine Umkehrfunktion bietet Omikron-BASIC nicht, mit dem Befehl

```
DEF FN ARCSEC(X)= ARCCOS(1/X)
```

kann man sie aber leicht definieren.

COSEC

A=COSEC(Winkel)

Analog zum Secans ist der Cosecans der Kehrwert zum Sinus. Man sollte sich nicht durch die Namen beirren lassen, auch wenn es besser passen würde, das Sinus und Secans bzw. Cosinus und Cosecans zusammengehören, dies ist nicht der Fall.

```
DEF FN ARCCOSEC (X)= ARCSIN(1/X)
```

definiert eine Umkehrfunktion.

6.5.2 Hyperbolische Funktionen

SINH

A=SINH(Wert)

Die Funktion SINH berechnet den Sinus Hyperbolicus von dem gegebenen Wert. Die Hyperbelfunktionen sind keine Winkelfunktionen, ihr Ergebnis ist daher unabhängig von einer Einstellung von DEG oder RAD.

ARSINH

A=ARSINH(Wert)

Mit diesem Befehl wird bei Omikron-BASIC der Area Sinus Hyperbolicus berechnet.

COSH

A=COSH(Wert)

Berechnet den Cosinus Hyperbolicus eines beliebigen Arguments. Aus welchen Grund auch immer gibt es bei Omikron-BASIC keine Umkehrfunktion hierzu. Sie läßt sich mit

```
DEF FN ARCOSH(X)= LN(X+ (SQR(X^2-1))
```

definieren.

Achtung: Der Cosinus Hyperbolicus ergibt nur positive Werte zwischen 1 und Unendlich. Versuchen Sie also bitte nicht, den ARCOSH von 0 oder anderen undefinierten Werten zu bestimmen.

TANH

A=TANH(Wert)

Der Tangens Hyperbolicus ist der Quotient aus SINH und COSH. In dieser Hinsicht verhalten sich die Hyperbelfunktionen wie die Kreisfunktionen.

ARTANH

A=ARTANH(Wert)

ARTANH ist die Umkehrfunktion zum Tangens Hyperbolicus. Das Argument Wert darf nur aus dem Intervall zwischen -1 und 1 kommen, für andere Werte ist die Funktion nicht definiert.

COTH   Cotangens Hyperbolicus

A=COTH(Wert)

Der Cotangens Hyperbolicus ist definitionsgemäß der
Kehrwert zu TANH. Die COTH-Funktion ist für den Wert
0 nicht definiert (dort hat der Sinus Hyperbolicus eine
Nullstelle).

ARCOTH   Area Cotangens Hyperbolicus

A=ARCOTH(Wert)

Der Area Cotangens Hyperbolicus ist nur für Werte ausser-
halb des Intervalls von -1 bis 1 definiert. Er bildet die
Umkehrfunktion zu COTH.

SECH   Secans Hyperbolicus

A=SECH(Wert)

Der Secans Hyperbolicus ist der Kehrwert von COTH.
Omikron-BASIC hat für diese Funktion keine Umkehrfunktion. Diese wird allerdings auch kaum gebraucht.

(DEF FN ARSECH(X)= ARCOSH(1/X). Dazu muß aber
auch die Funktion ARCOSH wie beschrieben definiert
werden.)

COSECH   Cosecans Hyperbolicus

A=COSECH(Wert)

Berechnet den Cosecans Hyperbolicus. COSECH ist der
Kehrwert zu SINH. Eine Umkehrfunktion ist bei Omikron-
BASIC nicht vorhanden. Wer sie benötigt, kann sie mit

definieren.

6.5.3 Binärarithmetik

BIT   testet ein Bit

A=BIT(Stelle,Zahl)

Die Funktion BIT liefert den Wert -1, wenn das Bit an der
gewünschten Stelle der Zahl gesetzt ist, ansonsten wird der
Wert 0 zurückgegeben. Die Bits sind dabei von Null ab geordnet. Bit 0 ist also das niedrigstwertige Bit einer Zahl.

BIT=   setzt ein Bit

BIT(Stelle,Integer-Variable)=Wert

BIT(Stelle,Adresse)=Wert

Mit diesem Befehl kann man gezielt Bits setzen oder zu-
rücksetzen. Für Wert=1 wird das spezifizierte Bit gesetzt,
für Wert=0 wird es gelöscht.

AND   Und-Verknüpfung

Ergebnis= Wert1 AND Wert2

Die beiden Integer-Werte werden bitweise mit der logischen Und-Funktion verknüpft. Im Ergebnis wird das gerade geprüfte Bit nur dann gesetzt, wenn es sowohl in
Wert1 als auch in Wert2 gesetzt war.

Wert 1	Wert 2	Ergebnis
0	0	0
0	1	0
1	0	0
1	1	1

OR   Oder-Verknüpfung

Ergebnis= Wert1 OR Wert2

OR verknüpft die beiden Werte mit der logischen Oder-Funktion. Im Ergebnis wird das gerade getestete Bit genau dann gesetz, wenn es mindestens in einem der beiden Werte vorkommt.

Wert 1	Wert 2	Ergebnis
0	0	0
0	1	1
1	0	1
1	1	1

XOR   Exklusiv-Oder-Verknüpfung

Ergebnis= Wert1 XOR Wert2

Die Exklusiv-Oder-Funktion setzt ein Bit im Ergebnis, wenn es entweder in Wert1 oder in Wert2 vorkommt. Es wird nicht gesetzt, wenn es in beiden Werten vorkommt.

Wert 1	Wert 2	Ergebnis
0	0	0
0	1	1
1	0	1
1	1	0

IMP

Ergebnis= Wert1 IMP Wert2

Die Implikation beurteilt einen logischen Schluß: Wert1
entspricht der Vorraussetzung, Wert2 dem Schluß daraus.
Das Ergebnis entspricht der Beurteilung. Bei der Implikation geht man davon aus, daß der Schluß aus einer falschen
Voraussetzung immer richtig ist. Lediglich ein falscher
Schluß aus einer richtigen Voraussetzung führt zum Nicht-
setzen eines Bits.

Wert 1	Wert 2	Ergebnis
0	0	1
0	1	1
1	0	0
1	1	1

EQV

Ergebnis= Wert1 EQV Wert2

Die Funktion EQV entspricht der logischen Verknüpfung
NOT(Wert1 XOR Wert2).

Wert 1	Wert 2	Ergebnis
0	0	1
0	1	0
1	0	0
1	1	1

NOT

Ergebnis= NOT Wert

NOT invertiert alle Bits der Zahl Wert.

Wert	Ergebnis
0	1
1	0

NAND
entspricht NOT (A AND B)

Ergebnis= Wert1 NAND Wert2

Wert 1	Wert 2	Ergebnis
0	0	1
0	1	1
1	0	1
1	1	0

NOR
entspricht NOT (A OR B)

Ergebnis= Wert1 NOR Wert2

Wert 1	Wert 2	Ergebnis
0	0	1
0	1	0
1	0	0
1	1	0

SHL
Binäres Schieben nach links

Ergebnis= Wert SHL Anzahl

Die Zahl wird bitweise nach links verschoben. Anzahl gibt an, wie oft dies zu geschehen hat. SHL entspricht einer vorzeichenlosen Verdoppelung von Wert.

SHR
Binäres Schieben nach rechts

Ergebnis= Wert SHR Anzahl

Die Zahl wird bitweise nach rechts verschoben. Analog zu SHL gibt Anzahl auch hier an, wie oft dies zu geschehen hat. SHR entspricht im übrigen einer vorzeichenlosen Division durch zwei.

6.5.4 Matrizenalgebra

Eine Stärke von Omikron-BASIC ist die Matrizenalgebra.
Hier kann man mit einem einfachen Befehl Berechnungen
ausführen, die normalerweise nur mit einem schon etwas
längeren Programm möglich wären. Bei allen Befehlen wird
dabei vorausgesetzt, daß drei Variablenfelder A!, B! und C!
dimensioniert sind.

MAT CLEAR   Matrix löschen

MAT CLEAR Variablenfeld [,Variablenfeld...]

Löscht eine Matrix. Das zu löschende Variablenfeld muß
mit der vollen Anzahl von Koordinaten angegeben werden.
Mit diesem Befehl kann man allerdings auch Variablenfelder teilweise löschen.

MAT= 1   erzeugt eine Einheitsmatrix

MAT A!(N,N)=1

Dieser Befehl reicht aus, um bei Omikron-BASIC eine Einheitsmatrix zu generieren. Bei einer Einheitsmatrix handelt
es sich um ein quadratisches Feld, bei dem alle Elemente
außerhalb der Diagonalen von links oben nach rechts unten
den Wert 0 besitzen. Die Elemente der Diagonalen besitzen
den Wert 1.

MAT *

MAT A!(A,B)*Skalar

MAT A!(N,M)= B!(N,Q) * C!(Q,M)

Der erste Syntax erledigt die Multiplikation einer Matrix mit einem Skalar, d.h. jedes Element der Matrix wird mit dem Wert des Skalars multipliziert.

Die zweite Syntax führt eine Matrixmultiplikation durch. Die Ergebnismatrix A! muß soviele Zeilen wie die erste zu multiplizierende Matrix, soviel Spalten wie die zweite Matrix haben. Eine Matrizenmultiplikation ist nicht kommutativ, d.h. die Reihenfolge muß beachtet werden.

DET

berrechnet die Determinante einer Matrix

Ergebnis= DET A!(N,N)

Bei Omikron-BASIC läßt sich sehr einfach die Determinante einer Matrix bestimmen. Dieser Befehl ist sehr aufwendig, bei sehr großen Matrizen kann es schon einmal vorkommen, daß eine Zeit lang anscheinend nichts geschieht, wundern Sie sich also nicht. Ist die Determinante einer Matrix=0, so lohnt sich der Versuch, die Matrix zu invertieren, nicht. DET A <> 0 ist ein notwendiges (und hinreichendes) Kriterium zur Existenz einer inversen Matrix. Determinanten lassen sich im übrigen nur von quadratischen Matrizen berechnen. Im Aufruf muß das Format der Matrix übergeben werden.

MAT A!(N,N)= INV B!(N,N)

Hiermit kann nun die Inverse einer Matrix berechnet werden. Diese Aktion ist normalerweise sehr aufwendig, wer es
schon einmal zu Fuß gemacht hat, kann sicherlich ein Lied
davon singen. Größere Matrizen benötigen allerdings einiges an Zeit, bevor sie invertiert sind. Für eine 100*100
Elemente große Matrix wird dabei im Handbuch eine Zeit
von 12 Minuten angegeben (allerdings mit doppelter Genauigkeit). Bei solchen Zeiten sollte man dann aber erstmal
antesten, ob die Matrix überhaupt zu invertieren ist (siehe
DET).

6.6   Stringvariablen

Unter Stringvariablen versteht man den Variablentyp, der
in der Lage ist, Zeichenketten aufzunehmen. Sieht man
einmal von der Möglichkeit ab, daß er zum Standardtyp
deklariert wurde, so erkennt man ihn am Postfix $.

Bei Omikron-BASIC darf eine Stringvariable eine maximale
Länge von 32766 Zeichen besitzen. Unter anderem dürfen
auch Steuerzeichen und andere nichtdruckende Zeichen in
einem String vorhanden sein.

6.6.1 Stringhandling

Omikron-BASIC erlaubt einige "Rechenbefehle" für Stringvariablen und -Ausdrücke. So kann man zum Beispiel
durch

```
"Text1"+"Text2",
```

allgemein also durch das "+" Zeichen Texte verknüpfen.
Analog dazu kann man mit dem "*"-Zeichen Texte ver-
vielfachen.

```
A$="x"*25
```

In A$ ist nun 25 mal der Buchstabe "x" enthalten.

Eine analoge Funktion Division oder Subtraktion gibt es nicht.

Dabei dürfen auch längere Stringausdrücke vervielfältigt werden.

LEFT$ ergibt eine Teilkette von links aus

A$=LEFT$(String,Länge)

LEFT$ kopiert aus einem beliebigen Stringausdruck die angegebene Anzahl der Zeichen. Das erste Zeichen, das kopiert wird, steht an dem linken Rand der Zeichenkette. In A$ befindet sich also nach dem Aufruf der Anfang des Strings mit der angegebenen Länge. Dabei dürfen natürlich nicht mehr Zeichen verlangt werden, als der Ursprungs-String lang ist. Geschieht dies doch, so wird maximal der Ausgangsstring übergeben.

RIGHT$ ergibt eine Teilkette von rechts aus

A$=RIGHT$(String,Länge)

Dieser Befehl ist LEFT$ sehr ähnlich, jedoch werden hier die Zeichen vom rechten Rand her eingelesen. In A$ befindet sich also nach dem Aufruf der Rest des Strings mit der angegebenen Länge.

MID$ ergibt eine Teilkette aus der Mitte

A$=MID$(String,Position,Länge)

A$=MID$(String,Position)

Syntax 1 übergibt eine Teilkette der gewünschten Länge als Antwort. Position ist dabei das erste Zeichen das mit übergeben wird. Dabei hat das erste Zeichen überhaupt die Position eins.

Bei der zweiten Syntax wird der Rest des Stringes ab der Position übergeben, entspricht also in etwa dem RIGHT$-Befehl, jedoch wird hier die Position vom Anfang der Strings angegeben.

MID$=   ersetzt einen Teilstring

MID$ (Stringvariable,Position [,Länge])=String

Dieser Befehl von Omikron-BASIC verändert eine bereits vorhandene Stringvariable. Dazu wird ab der spezifizierten Position der Ausdruck String in die bereits vorhandene Variable geschrieben. Unter allen Umständen bleibt dabei die Länge konstant. Durch die Option Länge ist man in der Lage, lediglich einen Teil-String einzukopieren. Länge gibt dabei an, wieviele Zeichen von links des Strings in die Stringvariable einkopiert werden sollen.

LOWER$ wandelt in Kleinbuchstaben um

A$=LOWER$(Stringausdruck)

LOWER$ wandelt in einem Stringausdruck alle Großbuchstaben in Kleinbuchstaben um. Sonderzeichen und Zahlen werden nicht verändert. (Im Modus Deutsch gelten die Umlaute ä, ö und ü als normale Buchstaben, sie werden also umgewandelt.)

UPPER$ — wandelt in Großbuchstaben um

A$=UPPER$(Stringausdruck)

UPPER$ wandelt alle Kleinbuchstaben in Großbuchstaben um. Für das übrige gilt das oben gesagte (siehe LOWER$).

MIRROR$ — spiegelt eine Zeichenkette

A$=MIRROR$(Stringausdruck)

Der Stringausdruck wird in umgekehrter Reihenfolge der Variablen übergeben, d.h. das letzte Zeichen wird das erste usw.

INSTR — überprüft auf das Vorhandensein eines Teilstrings

A=INSTR([Startposition,] Stringausdruck, Suchstring)

Der Stringausdruck wird nach dem Suchstring durchsucht. Ist er vorhanden, so wird der Variablen (hier: A) die Position des Suchstringes angegeben. Andernfalls enthält A nach der Durchführung den Wert 0. Mit der Option Startposition gibt man bei Bedarf an, ab wo die Suche beginnen soll.

LSET   kürzt einen Stringausdruck linksbündig

LSET Stringvariable=Stringausdruck

LSET bringt einen Stringausdruck auf die für eine Stringvariable passende Länge. Dafür muß natürlich die Stringvariable bereits vorhanden sein. In dem Falle, daß der
Stringausdruck länger ist als die Variable, wird der rechte
Rand soweit gekürzt, bis die Länge stimmt. Andernfalls,
d.h. bei zu kurzem Stringausdruck, wird die Variable nach
rechts mit Leerzeichen aufgefüllt.

RSET   kürzt einen Stringausdruck rechtsbündig

RSET Stringvariable=Stringausdruck

RSET ist ein Pendant zur Funktion zu LSET. Zum Unterschied dazu wird aber der Stringausdruck rechtsbündig ein-
gesetzt. Das übrige gilt wie für LSET auch.

LEN   bestimmt Stringlänge

A=LEN(Stringausdruck)

Die Funktion LEN liefert die Anzahl der Zeichen im
Stringausdruck.

SPACE$ erzeugt String von Leerzeichen

A$=SPACE$(Anzahl)

A$=SPC(Anzahl)

Füllt den String mit der angegebenen Anzahl von Leerzeichen. Beide Versionen erfüllen die gleiche Funktion.

STRING$
füllt einen String
mit einer Anzahl eines Zeichens

A$=STRING$(Anzahl,"Zeichen")

A$=STRING$(Anzahl,ASCII-Code)

Füllt einen String mit der Anzahl des Zeichens. Im Gegensatz zu der Verknüpfung mit * darf allerdings nur ein Zeichen verwendet werden.

Bei Syntax 2 wird statt des Zeichens der ASCII-Code eingegeben.

ASC
ergibt den ASCII-Code

A=ASC(Stringausdruck)

Die Funktion ASC übergibt den ASCII-Code vom ersten Zeichen des Stringausdruckes. Bei einem leeren Stringausdruck wird der Wert 0 übergeben.

CHR$
erzeugt ein Zeichen
mit bestimmten ASCII-Code

A$=CHR$(ASCII-Code)

CHR$ erledigt das Gegenteil zur ASC-Funktion. Meist wird CHR$ dazu gebraucht um nicht druckbare Zeichen zu produzieren.

6.7 Variablenfelder

Neben den "normalen" Variablen gibt es bei Omikron-BASIC noch die Möglichkeit, Feldvariablen zu indizieren. Dabei ist es möglich, ein einmal dimensioniertes Feld nachträglich zu vergrößern, ohne das Feld zu löschen.

DIM Name(Dimension)[,Name(Dimension)]

Mit diesem Befehl kann ein Variablenfeld eingerichtet werden. Ein Feld darf eine beliebige Anzahl von Dimensionen besitzen, allerdings als Größe ein gewisses Höchstmaß nicht überschreiten: Die erste Dimension darf nicht mehr als 65536 Elemente besitzen, ebenso das Produkt aller übrigen Dimensionen. Bitte beachten Sie, daß jeweils das nullte Element mit berücksichtigt werden muß: Ein Feld der Dimension 8*8 hat insgesamt 9*9=81 Elemente.

Mit DIM läßt sich im übrigen auch die Größe von Variablenfeldern verändern. Dazu genügt ein einfaches DIMmen mit neuen Dimensionen. Bei Stringfeldern werden allerdings in einem solchen Fall alle anderen Variblenfelder gelöscht, die zu einem späteren Zeitpunkt als das veränderte angelegt wurden.

SORT Feld

SORT Feld1 TO Feld2

SORT ASC Stringfeld

SORT ASC Stringfeld TO Feld

Der Befehl SORT veranlaßt Omikron-BASIC, ein eindimensionales Variablenfeld nach dem Quicksort-Algorithmus zu sortieren. Bei Syntax 1 wird lediglich das angegebene Feld nach aufsteigender Größe sortiert.

Syntax 2 veranlaßt Omikron-BASIC mit dem zweiten Feld genau dieselben Vertauschungen vorzunehmen wie bei dem Feld das sortiert werden soll. So ist man in der Lage, ein Index-Feld zu erstellen, in dem im ersten Feld des Index und im zweiten Feld die dazugehörige Datensatznummer steht. Bei diesen beiden Möglichkeiten werden im übrigen die Umlaute korrekt gehandhabt. So wird ein ü als ue, ein ß als ss betrachtet.

Bei Syntax 3 und 4 wird jeweils nach dem ASCII-Wert sortiert. Dies ermöglicht ein Sortieren nach Klein- bzw. Großschrift.

6.8   Datenumwandlung

Dieses Kapitel beschäftigt sich mit der Umwandlung eines Datenformates in ein anderes. Ein Beispiel: Bei der Benutzung von Random-Access-Dateien muß jeder Datensatz die gleiche Länge besitzen. Man benötigt also einen Weg, um Real-Variablen auf ein konstantes String-Format zu bringen.

6.8.1 Umwandlung in ein anderes Zahlensystem

BIN$ wandelt in eine Binärzahl

A$=BIN$(Wert)

Mit BIN$ wird der Inhalt von Wert in eine Binärzahl verwandelt. Das Ergebnis liegt allerdings in einem String vor.

Eine Zurückwandlung ist durch die VAL-Funktion möglich.

OCT$

A$=OCT$(Wert)

Diese Funktion ergibt einen Stringausdruck, der Wert als Octalzahl entspricht. Auch kann mit der VAL-Funktion zurückverwandelt werden.

HEX$

A$=HEX$(Wert)

Das Hexadezimalsystem ist das dritte Zahlensystem, das von Omikron-BASIC unterstützt wird. Hier kann man mit HEX$ einen Dezimalzahl umwandeln.

6.8.2 Umwandlung von einem Zahlenformat in ein anderes

CINT

A%=CINT(Wert)

Der Inhalt von Wert wird auf ein Integer Word Format gebracht. Dabei ist natürlich auf den beschränkten Rechenbereich Rücksicht zu nehmen.

CINTL   wandelt in ein Long-Integer-Zahl um

A%L=CINTL(Wert)

Wert wird auf das Format einer Long-Integer-Variable gebracht. Diese verbraucht nunmehr nur noch 4 Byte Speicherplatz.

CSNG   wandelt in das Format Single-Float um

A!=CSNG(Wert)

Wert wird auf das Format Single-Float gebracht. Damit kann Wert nun auch einen Nachkomma-Anteil besitzen, allerdings werden jetzt auch 6 Byte Speicherplatz benötigt.

CDBL   wandelt in das Format Double-Float um

A#=CDBL(Wert)

Wert wird auf das Format Double-Float gebracht. Die Variable benötigt nun zwar 10 Byte, dafür hat sie nun aber auch doppelte Genauigkeit.

6.8.3 Umwandlung von Zahlen in komprimierte Strings und zurück

MKI$ wandelt eine Zahl in einen 2-Byte-String

A$=MKI$(Wert)

Das Argument Wert wird zuerst in eine Integer-Word-Variable umgewandelt. In einem zweiten Schritt wird die Zahl nun in einen komprimierten, d.h. meist unlesbaren String umgewandelt. Der Vorteil von diesem String liegt in seinem konstanten Format: Er eignet sich zur Verwendung in Random-Access-Datei.

CVI   wandelt einen 2-Byte-String zurück

A=CVI(A$)

CVI ist die Umkehrfunktion zu MKI$. Das Ergebnis ist eine wieder lesbare Zahl.

MKIL$ wandelt eine Zahl in einen 4-Byte-String

A$=MKIL$(Wert)

Das Argument wird zuerst in eine Long-Integer-Zahl umgewandelt. Diese wird dann in einen 4-Byte-String umgewandelt.

CVIL Umkehrfunktion zu MKIL$

A=CVIL(A$)

Diese Funktion wandelt einen 4-Byte-String in eine Zahl zurück.

MKS$ wandelt eine Zahl in einen 6-Byte-String

A$=MKS$(Wert)

Diese Funktion erledigt die nunmehr bekannte Aufgabe durch den Umweg über das Single-Float-Format. Das Ergebnis ist dann ein 6-Byte-String.

CVS Umkehrfunktion zu MKS$

A=CVS(A$)

Wandelt ein 6-Byte-String in eine Single-Float-Variable zurück.

MKD$ wandelt eine Zahl in einen 10-Byte-String

A$=MKD$(Wert)

Als letztes gibt es einen Befehl zur Verarbeitung von Double-Float-Variablen.

A=CVD(A$)

Hiermit ist es möglich, einen 10-Byte-String in eine Zahl zurückzuverwandeln.

6.8.4 Formatfreies Umwandeln von Zahlen in Strings und zurück

VAL   **wandelt einen Stringausdruck in eine Zahl um**

A=VAL(Stringausdruck)

VAL untersucht den Stringausdruck von vorne nach hinten auf Ziffern. Diese Suche wird mit dem Auffinden des ersten Textzeichens abgebrochen, alle bis dahin gefundenen Ziffern werden als Zahl an die Variable (hier: A) übergeben.

VAL ermöglicht auch das Umrechnen von fremden Zahlensystemen ins Dezimalsystem. Dazu muß dem String aber ein Zeichen vorstehen, das erkennen läßt, um welches Zahlensystem es sich handelt.

"%"   steht für eine Dualzahl
"&"   steht für eine Octalzahl
"$"   steht für eine Hexadezimalzahl

A$=STR$(Wert)

STR$ ist die Umkehrfunktion zu VAL. Bei der Bearbeitung von Wert wird das aktuelle USING-Format beachtet. Bei positiven Zahlen gibt STR$ ein Leerzeichen als führendes Zeichen aus. Mit dieser Funktion wird im Gegensatz zu den MKX$-Funktionen jede Ziffer der Zahl in ein Zeichen des Strings gewandelt. Dieser String ist also lesbar, aber meist auch länger.

7.   Grafik

Der Atari ST ist in der Lage, Grafiken in insgesamt drei verschiedenen Auflösungen darzustellen. Alle diese Auflösungen haben eins gemeinsam: Der Rechner benötigt die Eingabe von Koordinaten, um die Zeichenbefehle ausführen zu können.

In Abhängigkeit der gewählten Auflösung dürfen die Bildschirmkoordinaten innerhalb der nun folgenden Bereiche liegen.

640 x 400 Punkte für Schwarz-Weiß

640 x 200 Punkte bei vier Farben

320 x 200 Punkte bei 16 Farben

Wie bei den meisten Rechnern liegt auch beim Atari ST der Ursprung des Koordinatensystems in der linken oberen Ecke.

7.1   Einstellungen festlegen

SCREEN   schaltet zwischen den Bildschirmen um

SCREEN Bildschirm_Nummer [,Adresse
[, Anzahl_der_Farben]]

Der SCREEN-Befehl schaltet zwischen den drei Bildschirmen 0, 1 oder 2 um. Beim ersten Einschalten (bzw. nach einem CLEAR-Befehl) muß eine Adresse angegeben werden, an der der Bildschirm im Speicherbereich stehen soll. Am besten reserviert man sich einen solchen Bereich mit dem MEMORY-Befehl.

Wird bei dem Aufruf des SCREEN-Befehls für die Angabe "Anzahl_der_Farben" ein Wert übergeben, so kann man damit die Auflösung des Bildschirmes bestimmen. So bedeutet eine "4" die mittlere Auflösung, eine "2" die monochrome Auflösung. Wird kein Wert gegeben, so wird der neue Bildschirm in der bisherigen Auflösung eingerichtet.

PALETTE Farbe [,Farbe...]

Mit PALETTE können den der Auflösung entsprechenden Farben die Farbtöne zugewiesen werden. Für die mittlere Auflösung müssen also vier Werte eingegeben werden, für die niedrige immerhin 16. Jeder einzelne Farbton wird zweckmäßigerweise in einer dreistelligen Hexadezimalzahl angegeben.

Die erste Stelle steht dabei für den Rot-, die zweite für den Grün- und die letzte für den Blau-Anteil. Der jeweilige Anteil darf sich dabei zwischen 0 und 7 bewegen, wobei 0= aus und 7= Maximalwert bedeutet.

Als Beispiel kann man mit der Angabe Farbe = $304 einen violetten Farbton anwählen.

MODE=   **stellt den Zeichenmodus ein**

MODE= Modus

Wird in einer Zeichnung ein Befehl ausgeführt, so bedeutet das rechnerintern eine Manipulation eines Speicherbereiches. Durch den Befehl MODE= läßt sich quasi die Spielregel dieser Manipulation festlegen. Gültig sind die Zahlen 1 bis 4.

Modus 1:   (Replace)
Das neue Element wird vollflächig dargestellt, alles ältere an dieser Stelle wird überdeckt.

Modus 2:   (Transparent)
Es wird nur an den Stellen überdeckt, an denen wirklich etwas gezeichnet wird. In den Zwischenräumen einer gestrichelten Linie bleibt der alte Hintergrund sichtbar, die Linie wird "durchsichtig" gezeichnet.

Modus 3:   (Exklusiv Oder)

Ein Punkt wird nur gesetzt, wenn vorher noch kein Punkt gesetzt war. Er wird gelöscht, wenn vorher ein Punkt vorhanden war und ein neuer darauf gesetzt werden soll (s. a. XOR).

Modus 4: (Revers Transparent)
Dieser Modus bildet die Elemente nach Modus 2 ab, jedoch in den reversen Farben.

CLIP legt Zeichenbereich fest

CLIP X1,Y1 TO X2,Y2

CLIP X,Y,Breite,Höhe

CLIP

Dieser Befehl legt den gültigen Zeichenbereich fest, d.h. es wird lediglich der angegebene Bereich von Grafikbefehlen erreicht. Darüber hinauslaufende Befehle werden an der Kante des Rechtecks abgeschnitten. Mit der ersten Syntax werden zwei diagonal gegenüberliegenden Ecken des (immer rechteckigen) Clip-Bereiches angegeben. Syntax 2 beschreibt die linke obere Ecke eines Bereiches mit der angegebenen Breite und Höhe.

Wird innerhalb eines Programmes ein zweiter CLIP-Befehl mit einem anderen Bereich gegeben, so verliert der erste Bereich an Gültigkeit. Mit dem dritten Syntax läßt sich die Funktion wieder ausschalten.

7.2 Die Zeichenelemente

Die nun folgenden Befehle dienen dazu, etwas auf den Bildschirm zu bringen bzw. Einstellungen dafür zu tätigen.

LINE STYLE =   legt den Linienstil fest

LINE STYLE =Stil

Die Zeichenbefehle lassen sich nicht nur mit durchgezogenen Linien ausführen, darüber hinaus lassen sich auch einige andere Linientypen anwählen. Dies geschieht mit dem Befehl LINE STYLE =.

Der Wert für "Stil" bestimmt dabei den Linientyp.

Die verschiedenen Linienarten:

LINE STYLE= 1	————————————————
LINE STYLE= 2	— — — — — — — — — —
LINE STYLE= 3	· ·
LINE STYLE= 4	—·—·—·—·—·—·—·—·—·
LINE STYLE= 5	– – – – – – – – – – – —
LINE STYLE= 6	—··—··—··—··—··—··—··

LINE COLOR =   bestimmt die Farbnummer

LINE COLOR = Farbnummer

LINE COLOR = dient dazu, einem Zeichenbefehl eine bestimmte Farbe zuzuordnen. Der tatsächliche Farbton wird durch den Befehl PALETTE (s.o.) zugewiesen.

Für die monochrome Auflösung sind nur die Farbnummern 1 (=schwarz) und 0 (=weiß) zugelassen, für die mittlere Auflösung gibt es die Nummern 0 bis 3.

DRAW

DRAW X1,Y1 [TO X2,Y2 [TO...]]

DRAW zeichnet eine Linie vom Punkt X1,Y1 zu den weiter angegebenen Punkten. Ist lediglich ein Punkt angegeben, so wird auch nur ein Punkt auf dem Bildschirm gesetzt.

Der Befehl DRAW verwendet die Linie, die durch die Befehle LINE STYLE = und LINE COLOR = definiert wurde. Außerdem wird die Einstellung durch MODE = berücksichtigt.

BOX   zeichnet ein Rechteck

BOX X1,Y1 TO X2,Y2

BOX X,Y,Breite,Höhe

Dieser Befehl sorgt dafür, daß ein Rechteck auf dem Bildschirm gezeichnet wird. Mit Syntax 1 kann man zwei diagonal gegenüberliegende Ecken bezeichnen; Syntax 2 beschreibt die linke obere Ecke sowie Breite und Höhe des Rechteckes.

Analog zum DRAW-Befehl werden alle Voreinstellungen berücksichtigt.

RBOX   zeichnet ein Rechteck mit abgerundeten Ecken

RBOX X1,Y1 TO X2,Y2

RBOX X1,Y1,Breite,Höhe

Dieser Befehl entspricht im wesentlichen dem BOX-Befehl, das Ergebnis ist jedoch ein Rechteck mit abgerundeten Ecken.

CIRCLE zeichnet einen Kreis

CIRCLE X,Y,Radius [,Startwinkel,Endwinkel]

Hiermit läßt sich ein Kreis auf den Bildschirm bringen. Das Koordinatenpaar X,Y beschreibt den Mittelpunkt des Kreises, mit Radius wird der Radius angegeben. Optional kann man auch einen Start- und einen Endwinkel angeben. Dann wird ein Kreissegment in mathematisch positiver Richtung, also gegen den Uhrzeigersinn, von Startwinkel nach Endwinkel gezogen. Der Wert dieser beiden Winkel wird in zehntel Grad angegeben.

```
CIRCLE 320,200,50,0,900
```

zeichnet einen Kreisbogen von rechts (=0) bis nach oben (=900).

Dabei werden die Voreinstellungen berücksichtigt.

ELLIPSE zeichnet eine Ellipse

ELLIPSE X,Y,Radius1,Radius2 [,Startwinkel,Endwinkel]

Die Syntax ist dem CIRCLE-Befehl sehr ähnlich, allerdings werden für eine Ellipse zwei Radien benötigt.

Auch eine Ellipse wird mit den definierten Linienstilen gezeichnet.

7.3 Ausgefüllte Zeichenelemente

Die nunmehr kommenden Befehle sind größtenteils bekannt, sie unterscheiden sich von den bisherigen dadurch, daß nicht nur ein Rahmen gezeichnet wird, sondern auch noch die umschlossene Fläche mit einem Füllmuster ausgefüllt wird.

Um dieses Füllmuster definieren zu können, bedarf es ähnlich dem Linienstil wieder einiger Befehle.

FILL STYLE= Füllstil,Index

Mit diesem Befehl wird der Füllstil definiert. Die nun folgende Grafik zeigt, welche Zahlenkombination welches Füllmuster zustande bringt:

Die standardmäßigen Füllmuster des Atari ST:

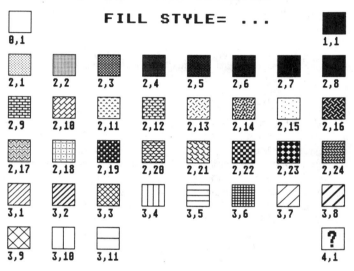

Setzen Sie für Füllstil den Wert 4, so können Sie mit einem selbstdefinierbaren Füllmuster ausfüllen. Die Definition geschieht mit dem VDI-Aufruf VSF_UPDATE. Als Vorbereitung müssen für jede Farbe des Füllmusters 16 Wörter (= 16-Bit-Zahlen) in das Array INTIN%() eingegeben werden. Bei den einzugebenden Werten repräsentiert jedes gesetzte Bit einen Punkt des Füllmusters. Als Übergabe-Parameter verlangt der VDI-Aufruf die Anzahl der Farben im Füllmuster.

FILL COLOR = bestimmt die Farbe des Füllmusters

FILL COLOR = Farbnummer

Die Funktion FILL COLOR = ordnet dem Füllmuster eine Farbe zu. Analog zum Befehl LINE COLOR = steht der Wert Farbnummer für die VDI-Farbe. Der eigentliche Farbton wird durch den Befehl PALETTE eingestellt. Der zulässige Wertebereich für Farbnummer hängt selbstverständlich wieder von der eingestellten Auflösung ab.

FILL — dient zum Ausfüllen von Flächen

FILL X,Y,Grenzfarbe

Der Befehl FILL füllt eine beliebige Fläche auf dem Bildschirm mit dem durch FILL STYLE = und FILL COLOR = eingestellten Muster aus. Dies geschieht, in dem das Füllmuster quasi aus einem Farbeimer an der angegebenen Position X,Y auf den Bildschirm gegossen wird. Von dort aus dehnt sich das Füllmuster so weit aus, bis es auf bereits vorhandene Zeichenelemente der Farbe Grenzfarbe (= 3. Parameter) stößt. Hat die Umgrenzung an irgendeiner Stelle eine nicht beachtete Lücke, so wird wahrscheinlich der Bildschirm-Inhalt durch die "auslaufende Farbe" zerstört werden. Wird als Grenzfarbe der Wert -1 angegeben, so wird jedes Zeichenelement gleich welcher Farbe als Grenze anerkannt. Es wird empfohlen für die Grenzfarbe den Wert -1, da es bei anderen Werten vorkommen kann, daß das GEM nicht immer einwandfrei arbeitet.

PBOX — zeichnet ein ausgefülltes Rechteck

PBOX X1,Y1 TO X2,Y2

PBOX X,Y,Breite,Höhe

Dieser Befehl entspricht dem BOX-Befehl insoweit, daß auch er ein Rechteck auf den Bildschirm bringt. Der Unterschied besteht darin, daß mit PBOX gleich ein ausgefülltes Rechteck generiert wird. Der Füllstil richtet sich nach den Einstellungen von FILL STYLE = bzw. FILL COLOR =.

Die übrige Syntax entspricht dem BOX-Befehl, mit der Ausnahme, daß das Rechteck immer mit dem Linienstil 1 (=durchgezogen) umschlossen wird. An der Einstellung durch LINE STYLE = ändert sich allerdings nichts.

PRBOX — zeichnet ein ausgefülltes, abgerundetes Rechteck

PRBOX X1,Y1 TO X2,Y2

PRBOX X,Y,Breite,Höhe

PRBOX verhält sich zu RBOX analog wie PBOX zu BOX, der Befehl zaubert also ein abgerundetes Rechteck auf den Bildschirm, dieses wird mit dem aktuellen Füllmuster ausgefüllt.

PCIRCLE — zeichnet ausgefüllte Kreise

PCIRCLE X,Y,Radius [,Startwinkel,Endwinkel]

Auch dies ist lediglich eine Erweiterung eines bekannten Befehls: Es entsteht ein ausgefüllter Kreis an den angegebenen Koordinaten. Selbstverständlich gelten auch hier die vorab eingestellten Werte für das Füllmuster. Unabhängig vom Linienstil wird ein Kreis mit PCIRCLE immer durchgezogen gezeichnet. Wird optional noch ein Start- und ein Endwinkel eingegeben, so wird ein ausgefülltes Tortenstück gezeichnet. Hierbei zeichnet Omikron-BASIC gleichzeitig Verbindungslinien vom Kreismittelpunkt zu den Enden der Peripherie.

PELLIPSE — zeichnet eine ausgefüllte Ellipse

PELLIPSE X,Y,Xradius,Yradius [,Startwinkel,Endwinkel]

Analog zu PCIRCLE, auch hier werden bei Ellipsensegmenten Verbindungslinien vom Mittelpunkt aus gezeichnet.

7.4   Text im Grafikmodus

Nicht nur durch die üblichen PRINT-Befehle läßt sich ein Text ausgeben. Speziell für die Grafik gibt es auch hier einige Möglichkeiten.

TEXT STYLE = — legt Text Effekte fest

TEXT STYLE = Effekt

Mit diesem Befehl lassen sich diverse Effekte einstellen. Die Grafik soll zeigen, welche Möglichkeiten da bestehen:

TEXT STYLE= 1

TEXT STYLE= 2

TEXT STYLE= 4

TEXT STYLE= 8

<u>TEXT STYLE= 16</u>

TEXT STYLE= 32

Auch Kombinationen sind möglich
(TEXT STYLE= 40)

Man kann diese Effekte beliebig kombinieren, dazu muß
als Wert für Effekte die Summe der Einzelwertigkeiten angegeben werden.

TEXT HEIGHT =   legt die Texthöhe in Pixeln fest

TEXT HEIGHT = Höhe

Hiermit läßt sich die Schrifthöhe festlegen. Sinnvoll sind
Werte bis 28, allerdings wird bei der vorliegenden Version
bei einem Wert von 13 auf einen anderen Zeichensatz um-
geschaltet. Dies führt zu einem Sprung in der Größe.

TEXT COLOR =   bestimmt die Farbe des Textes

TEXT COLOR = Farbnummer

Mit dieser letzeten Vorabeinstellung zum Befehl TEXT läßt
sich die Textfarbe einstellen. Für Farbnummer wird auch
hier wie schon bei LINE STYLE = die VDI-Nummer angegeben. Die eigentliche Farbauswahl geschieht durch den
Befehl PALETTE.

**TEXT X,Y,"Text" [,Länge,Wortausgleich,
  Buchstabenausgleich]**

Dies ist letztendlich der Befehl, der den voreingestellten
Text auf den Bildschirm bringt. Mit den Koordinaten X
und Y wird die linke obere Ecke des Textes festgelegt.
Opional kann auch die Länge angegeben werden, die der
Text einnehmen soll. Hierbei sollte man beachten, daß die
angegebene Länge zumindest ausreicht. In diesem Fall fun-
gieren die Angaben Wortausgleich bzw. Buchstabenaus-
gleich als Schalter, d.h. ist der entsprechende Wert 1, so
wird die angestrebte Länge durch den Ausgleich des Zwi-
schenraumes zwischen den Buchstaben bzw. zwischen den
Wörtern erreicht. Ausgeschaltet wird jeweils durch den
Wert 0. Mit zwei Einsen kann man einen Blocksatz erreichen, zwei Nullen führen dazu, daß der Text zentriert ausgegeben wird.

Wie bereits erwähnt, gilt das für ausreichenden Platz. Ist
der Wert für Länge zu klein, so reagiert Omikron-BASIC
damit, das es je nach "Schalterstellung" entweder die Buchstaben und oder die Wörter übereinander schreibt. Das Ergebnis ist dann meist unleserlich.

7.5   Sprite-Programmierung

Sprites, das sind kleine quadratische Bilder, die etwa wie
der Mauszeiger auf dem Bildschirm bewegt werden können,
ohne diesen zu zerstören. Auch für diese Art der Grafik-
darstellung gibt es bei Omikron-BASIC wieder zwei Befehle.

DEF SPRITE Nummer,Typ [,Savepointer [,Savetyp]]

Dieser Befehl definiert einen Sprite. Dabei haben die Daten folgende Bedeutung: Mit Nummer wird festgelegt welches der Sprites von 1-8 definiert werden soll. Es ist also möglich, mit 8 Sprites gleichzeitig zu arbeiten. Der Wert für Typ ist sowohl von der gewünschten Bildschirmauflösung als von der Größe des Sprites abhängig. Es ergeben sich folgende Möglichkeiten (der Wert in Klammern entspricht dem Typ):

Auflösung	Klein	GroB
320*200	8*8 (1)	16*16 (2)
640*200	16*8 (3)	32*16 (4)
640*400	16*16 (5)	32*32 (6)

Optional kann und sollte man den Savepointer angeben. Dies ist eine Adresse im Speicherbereich, an der der Hintergrund von der Stelle abgelegt werden soll, an der sich das Sprite gerade befindet. Bei der Bewegung eines Sprites wird nichts anderes getan, als ständig die alte Bildinformation an Stellen zu schreiben, die das Sprite gerade verlassen hat, und dafür die neuen Positionen zu retten. Darum haben wir uns aber nicht zu kümmern, es langt, dem Rechner mitzuteilen, wo er die Informationen ablegen soll.

Am besten geschieht das mit dem Befehl MEMORY. Die benötigte Größe errechnet sich aus der Größe des Sprites multipliziert mit der Anzahl der in der Auflösung möglichen Farben. Diese Ergebnis ist noch durch 8 zu teilen, wir brauchen ein Ergebnis in Bytes. Beispiel: Ein kleines Sprite der mittleren Auflösung benötigt 64 Bytes (=16*8*4/8). Den Wert für Savepointer erhält man mit:

```
Savepointer = MEMORY (64)
```

An der Adresse, die die Variable Savepointer nun enthält, hat Omikron-BASIC jetzt 64 Bytes reserviert.

Die Angabe Savetyp soll darüber informieren, zu welchem aktuellen Typ die Daten, die am Savepointer anliegen, gehören. Dies wird allerdings in der Praxis nicht gebraucht, so daß dieser Parameter weglassen werden kann.

Zu beachten ist schließlich, daß der Befehl DEF SPRITE ein Sprite zwar definiert, es aber noch nicht auf den Bildschirm bringt.

SPRITE   positioniert ein Sprite auf den Bildschirm

SPRITE Nr,X,Y [,Defpointer [,Hintergrund,Vordergrund]]

Hiermit kann ein definiertes Sprite auf den Bildschirm positioniert werden. Dabei geben X und Y die Bildschirmkoordinaten an. Werden hierbei Koordinaten gewählt, die außerhalb des Bildschirmes liegen, so bleibt das Sprite dennoch vollständig sichtbar.

Bei dem ersten Aufruf eines Sprites muß angegeben werden, an welcher Position die Informationen für das Sprite stehen. In diesem Definitionsblock ist das Sprite zeilenweise abgelegt. Nach der ersten Zeile der Maske kommt die erste Zeile des Sprites, dann die zweite Zeile der Maske, die zweite Zeile des Sprites usw. Man muß sich vorstellen, daß immer zwei Sprites übereinandergelegt werden. Als unteres kommt die Maske zu liegen, dort wo in ihr Bits gesetzt sind, wird der Bildschirm in der Farbe Hintergrund (siehe Syntax) eingefärbt. Die Maske überschreibt also erst einmal den eigentlichen Bildschirminhalt (dieser wird allerdings rechnerintern gerettet). Auf diese Stelle wird dann das eigentliche Sprite gesetzt. Durch diese Prozedur ist es zum Beispiel möglich, ein schwarzes Sprite vor einem schwarzen Hintergrund zu sehen (dazu muß natürlich die Maske etwas größer sein als das eigentliche Sprite).

Als Beispiel sollte man sich einmal die Programme im Ordner Spriteed auf der Originaldiskette ansehen.

Die beiden Daten Hintergrund und Vordergrund sind, wie
bereits oben erwähnt, zum Einfärben des Sprites. Auch in
der niedrigsten Bildschirmauflösung hat ein Sprite nur zwei
Farben, bei der monochromen Auflösung sind dies Schwarz
und Weiß.

7.6 Bit-orientierte Grafik

Als letztes werden uns hier noch zwei Grafikbefehle interessieren, die Bit-orientiert sind. Zum einen kann man ein
Pixel auf dem Bildschirm nach seiner Farbe untersuchen,
der andere Befehl dient dazu, Bildschirmbereiche abzuspeichern, zu kopieren oder sonstwie zu manipulieren.

POINT   **testet einen Punkt in der Grafik**

A=POINT (X,Y)

Nach diesem Befehl enthält die Variable A die Farbe des
Bildschirmpunktes der Position (X,Y). Bei monochromer
Auflösung ist das Ergebnis 1 oder 0 (Punkt gesetzt bzw.
nicht gesetzt).

BITBLT X1,Y1,Breite1,Höhe1 TO X2,Y2,Breite2,Höhe2 [,Modus]

BITBLT X,Y,Breite,Höhe TO Speicherbereich

BITBLT Speicherbereich TO X,Y,Breite,Höhe [,Modus]

BITBLT Speicherbereich1 TO Speicherbereich2,COLOR Farbe

Dieser etwas zungenbrecherische Befehl dient vornehmlich dazu, Teile aus dem Bildschirm zu kopieren und zu verschieben. Dazu dient die erste Syntax: Er kopiert ein Rechteck der angegebenen Größe an die zweite angegebene Position. Mit den Koordinaten X1,Y1 bzw. X2,Y2 wird jeweils die linke obere Ecke beschrieben. Dabei müssen die beiden Rechtecke nicht dasselbe Format besitzen. Kopiert wird immer das kleinste Rechteck (dies kann aber z.B. die Breite2 in Verbindung mit der Höhe1 haben). Zusätzlich kann noch ein Modus vorgeschrieben werden: Dieser gibt an wie ein Punkt im Quellrechteck (S) mit einem im Zielrechteck (D) verknüpft werden soll.

Modus	Verknüpfung	Modus	Verknüpfung
0	=0	8	Not (S Or D)
1	S and D	9	Not (S Xor D)
2	S and (Not D)	10	Not D
3	S (Standardmodus)	11	S Or (Not D)
4	(Not S) And D	12	Not S
5	D	13	(Not S) Or D
6	S Xor D	14	Not (S Or D)
7	S Or D	15	=1

Syntax 2 dient zum Abspeichern vom Bildschirmbereichen. Zweckmäßigerweise wird dafür erst einmal ein Speicherbereich reserviert. Die Größe des zu reservierenden Blockes hängt selbstverständlich von dem Format des Rechteckes ab. Zur Berechnung wird hier eine Formel angegeben:

```
Benötigter Platz = (Breite+15) SHR 4 * Höhe * 2 + 6
```

Für Breite und Höhe sind in der obigen Formel natürlich die aktuellen Werte einzufügen. Die Koordinaten X und Y beschreiben wie bereits gehabt die linke obere Ecke.

Den entgegengesetzten Erfolg liefert die Syntax 3. Sie bringt ein ehemals abgespeichertes Rechteck wieder auf den Bildschirm. Die Bedeutung von Modus entspricht dem Syntax 1.

Diese dritte Syntax läßt sich auch noch anders verwenden: Man kann im Speicher Grafiken erstellen und diese dann mit BITBLT auf den Bildschirm bringen. Dabei muß man aber das Format beachten: An der ersten Adresse steht die Anzahl der Planes*2. Jede Farbe benötigt eine eigene Plane (Ebene). Diese Angabe geschieht, wie auch die nun folgenden, mit einer 16-Bit-Zahl (Word). In Adresse+2 steht die Breite, in Adresse+4 die Höhe des Ausschnittes, jeweils in Pixeln.

In der nun folgenden Adresse fangen dann die eigentlichen Daten an. Diese drei Daten müssen Sie natürlich nur dann setzen, wenn Sie etwas selbstdefiniertes aus dem Speicher heraus auf dem Bildschirm setzen wollen. Beim Abspeichern mit BITBLT wird dieses Format selbstverständlich berücksichtigt.

Die 4. Syntax schließlich kann Bereiche im Speicher verschieben. Denkbar wäre etwa das Erstellen eines Farbbildes durch das Zusammenkopieren von verschiedenen monochromen Bildern.

8. Soundprogrammierung

Der im Atari ST eingebaute Sound-Prozessor verfügt über drei unabhängige Stimmen, einen Rauschgenerator und einen Hüllkurvengenerator. Omikron-BASIC stellt drei Befehle zur Verfügung, um den Sound-Prozessor zu programmieren.

Allgemein muß man dabei aber beachten, daß die Tastaturklicks bzw. das Signal der Glocke ebenfalls durch den Sound-Prozessor generiert werden. Drückt man also (bei eingeschalteten Tastaturklicks) zwischendurch auf eine Taste, so werden damit also auch die Registerinhalte des Sound-Chips verändert. Umgehen kann man dies natürlich, indem man etwa durch den Befehl

        POKE $484, 10

sowohl Tastaturklicks als auch Glocke ausschaltet. Einschalten kann man sie hinterher durch den Befehl

        POKE $484,15.

Außerdem kann man nach getaner Arbeit durch die Ausgabe des ASCII-Zeichens 'Bel'=CHR$ (7) den Sound-Chip wieder auf die Standard-Einstellung bringen.

TUNE   bestimmt die Tonhöhe

TUNE Stimme, Tonhöhe [, Stimme, Tonhöhe,...]

Mit diesem Befehl wird die Frequenz der einzelnen Stimme festgelegt. Der Wert für Tonhöhe entspricht dabei allerdings nicht der zu erzeugenden Frequenz, sondern er wird direkt in den Sound-Prozessor geschrieben. Gültige Werte liegen im Bereich zwischen 0 und 4095, es gilt: Je höher der Wert ist, desto niedriger ist die erzeugte Frequenz.

Der theoretisch höchste Ton, der erzeugt werden kann, besitzt eine Frequenz von 125000 Hz, liegt also weit außerhalb des menschlichen Hörbereichs. Verdoppelt man den Wert für Tonhöhe, so erhält man denselben Ton der nächst niedrigeren Oktave

Die Angabe 'Stimme' bestimmt, für welchen Tonkanal die Frequenz gelten soll. Werte außerhalb der Zahlen eins, zwei oder drei führen zu einem Overflow Error.

Gibt man mehr als ein Wertepaar an, so kann man mit einem TUNE-Befehl mehr als eine Stimme definieren.

NOISE — steuert den Rauschgenerator

NOISE Bitmaske, Rauschbereich

Der Befehl NOISE steuert den Rauschgenerator des Sound-Chips. Bitmaske ist hierbei eine Drei-Bit-Zahl, kann also Werte zwischen Null und Sieben annehmen. Jedes Bit steht für einen Tonkanal:

Bit 0 (Wert: 1)   steht für den Kanal 1

Bit 1 (Wert: 2)   steht für den Kanal 2

Bit 2 (Wert: 4)   steht für den Kanal 3

Gibt man für Bitmaske eine Summe der einzelnen Werte an, so kann man mehrere Stimmen gleichzeitig auf Rauschen schalten. Der Wert 6 schaltet also Stimme 2 und 3 um, für Bitmaske=7 werden alle drei Stimmen auf Rauschen gestellt.

Mit dem Wert Rauschbereich kann man die Frequenz des Rauschens steuern. Gültig ist hier der Bereich zwischen 0 und 31. Analog zu dem Befehl TUNE gilt auch hier: Je niedriger der Wert für Rauschbereich gewählt wird, desto höher ist die "Frequenz" des Rauschens.

Volume — stellt die Lautstärke bzw Hüllkurve ein

VOLUME Stimme, Lautstärke

Mit dieser ersten Syntax wird einer der Stimmen Eins bis Drei eine konstante Lautstärke zugeordnet. Der Bereich von Lautstärke liegt zwischen 0 (=ausgeschaltet) bis 15 (=Maximum). Er kann für jeden Tonkanal unterschiedlich sein.

VOLUME Stimme, Hüllkurve, Periodenlänge

Mit dieser Syntax ordnet man einer bestimmten Stimme einen von der Zeit abhängigen Lautstärkewert zu. Hierbei spricht man auch von einer Hüllkurve. Gemäß der folgenden Grafik kann man zwischen 8 verschiedenen Hüllkurven auswählen.

Mögliche Hüllkurven des Sound-Prozessors:

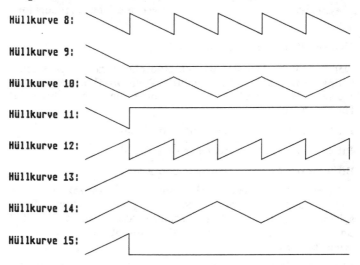

Hüllkurve 8:

Hüllkurve 9:

Hüllkurve 10:

Hüllkurve 11:

Hüllkurve 12:

Hüllkurve 13:

Hüllkurve 14:

Hüllkurve 15:

Dabei wird die Dauer einer einzelnen Periode durch die Angabe Periodenlänge bestimmt. Gültig sind Werte zwischen 0 und 65535, durch einen Wert um 8000 erreicht man eine Periodenlänge von etwa einer Sekunde.

Zu beachten ist im weiteren, das durch eine Definition der Hüllkurve nach Syntax 2 eine formalige Bestimmung der Lautstärke (Syntax 1) aufgehoben wird.

9.   Speicheroperationen

PEEK   liest eine Speicherzelle aus

Inhalt=PEEK(Adresse)

Der PEEK-Befehl liest ein Byte aus der angegebenen Adresse.

POKE   schreibt ein Byte in eine Speicherzelle

POKE Adresse,Wert

Schreibt ein Byte in die spezifizierte Speicherzelle. Mit POKE kann man den Rechner sehr direkt manipulieren; also Vorsicht. Ein falscher Wert in der richtigen Adresse und die einzige Rettung ist der Ausschalter.

WPEEK   liest ein Wort aus dem Speicher

Inhalt=WPEEK(Adresse)

WPEEK liest zwei Bytes ab der gewünschten Adresse. Diese muß gerade sein, da sonst ein Adreßfehler (3 Bomben) auftritt.

WPOKE

schreibt ein Wort in den Speicher

WPOKE Adresse,Wert

Diese Funktionn schreibt ein Wort (=16 Bits) in zwei auf-
einander folgende Speicherzellen ab Adresse, die ebenfalls
gerade sein muß. Wie schon bei POKE so kann auch dieser
Befehl zu einem Absturz führen. Man sollte ihn also nicht
zu leichtsinnig ausführen und bei Verdacht auf jeden Fall
vorher wichtige Daten sichern.

LPEEK

liest ein Langwort aus dem Speicher

Inhalt=LPEEK(Adresse)

Entspricht dem bekannten, allerdings wird ein 32-Bit-Wort
übergeben. Auch hier muß die Adresse gerade sein, sonst
gibt es einen Adreßfehler. Bitte verwenden Sie also einen
entsprechenden Variablentyp.

LPOKE

schreibt ein Langwort in den Speicher

LPOKE Adresse,Wert

Mit diesem Befehl werden 4 Byte gleichzeitig in den Speicher geschrieben. Die Adresse muß, wie schon bei WPOKE,
gerade sein.

SEGPTR

**ergibt die Adresse
der Segment-Pointer-Tabelle**

A=SEGPTR

Ergibt die Adresse der oben genannten Tabelle. Dort stehen
die Zeiger auf die von Omikron-BASIC dynamisch ver-
walteten Speicherbereiche: Die Adresse berechnet sich mit

Offset:

0	Zeilennummern-Tabelle (abwechselnd ein Wort = Nummer, ein Long = relativer Pointer auf die Zeile)
4	Start des BASIC-Programms
8	Variablenpointer-Tabelle
12	Variablentabelle
16	Reserviert
20	Arrays
24	Dateibuffer
28	Strings
32	Unbenutzt
36	Programmzeiger auf den gerade ausgeführten Befehl
40	Garbage-Top
44	Garbage-Bottom
48	Garbage-High
52	Stack-Maximalwert (allerdings noch 1KByte für das Betriebssystem)
56	Stack-Bottom
60	Höchste Speicheradresse des BASIC (läßt sich mit dem Befehl CLEAR einstellen)

VARPTR liefert Adresse einer Variablen

A=VARPTR(Variable)

Die Funktion VARPTR liefert einen Zeiger auf eine Variable im Speicherbereich. Bei Zahlen-Variablen gilt:

Der Variablenname ist abwärts der Adresse zu finden, der Wert der Variablen aufwärts. Integer-Variablen belegen 2 bzw. 4 Bytes. Float-Variablen haben zuerst ein Wort Exponent, danach 4 bzw. 8 Bytes Mantisse. Als Vorzeichen dient das niederwertigste Bit des Exponenten.

Stringvariablen sind etwas schwieriger zu meistern: Als erstes benötigt man den Zeiger auf Strings aus der Segment-Pointer-Tabelle (Offset=28)

`Adresse=LPEEK(SEGPTR+28)`

Zu diesem Wert muß nun der Pointer addiert werden, der von VARPTR geliefert wird:

```
PRINT PEEK (Adresse+LPEEK(VARPTR(Stringvariable)))
```

ergibt den ASCII-Code des ersten Zeichens. Vor dem String stehen nun noch vier Bytes als ein Zeiger zurück auf den mit VARPTR adressierten Definitionsblock (relativ zu SEGPTR).

9.1 Aufrufe des Betriebssystems

HIGH spaltet ein Langwort auf

A=HIGH(Langwort)

Diese Funktion wird für Aufrufe vom BIOS, XBIOS und GEMDOS benötigt. Diese Betriebssystemroutinen benötigen alle Parameter als Wörter. HIGH (in Verbindung mit LOW) übernimmt die Aufspaltung von Langwörtern und entspricht damit dem Befehl A=Langwort\65536.

LOW liefert die niedrige Hälfte eines Langwortes

A=LOW(Langwort)

Berechnet das niederwertige Wort eines Langwortes und entspricht damit dem Befehl A=Langwort MOD 65536.

BIOS

**BIOS([Rückgabe-Variable],
  Funktionsnummer[,Parameterliste])**

Ruft eine Routine des BIOS auf. Was man mit solchen
Routinen bewirken kann, schauen Sie bitte im Anhang
nach. Alle Parameter, die mit BIOS übergeben werden,
müssen vom Format her Wörter sein.

XBIOS

**XBIOS([Rückgabe-Variable],
  Funktionsnummer[,Parameterliste])**

Ruft eine Routine des XBIOS auf. Auch hier gibt Ihnen
der Anhang Informationen darüber was mit den Routinen
erledigt werden kann. XBIOS erwartet alle Parameter im
Format Wort.

GEMDOS ruft das GEM Disk Operating System auf

**GEMDOS([Rückvariable],
  Funktionsnummer[,Parameterliste])**

Ruft eine Routine des GEMDOS auf. Auch hier gilt das
oben gesagte über das Format der Parameter. Ebenso gibt
es auch einen Anhang für die GEMDOS-Funktionen.

149

9.2 Aufrufe eigener Maschinenroutinen

MEMORY (u.a.) reserviert Platz für eigene Routinen

MEMORY(Anzahl-Bytes)

Adresse=MEMORY(String)

PRINT MEMORY(-1)

Syntax 1 reserviert soweit vorhanden die gewünschte Anzahl der Bytes jenseits der BASIC-Obergrenze. Diese Reservierung wird allerdings durch CLEAR, RUN bzw. einem Ändern des Programmes aufgehoben.

Syntax 2 schreibt den String in einen reservierten Bereich und gibt die Adresse zurück.

Syntax 3 gibt Auskunft über die Größe des noch vom GEMDOS verfügbaren Speicherplatzes.

DEF USR übergibt die Adresse eines Maschinenprogrammes

DEF USR= Adresse

Mit diesem Befehl wird die Adresse eines Maschinenspracheprogrammes übergeben. (Siehe USR)

USR ruft ein Maschinenspracheprogramm auf

Ergebnis=USR(Parameter)

Ruft ein Maschinenspracheprogramm an der von DEF USR definierten Adresse auf. Der Paramater wird an das Register D0 übergeben. Nach Beendigung des Programmes wird der Inhalt von D0 an Ergebnis übergeben.

CALL ruft ein Maschinensprache-Unterprogramm auf

CALL Variable [(Parameter, Parameter....)]

Der Inhalt der Variablen spezifiziert die Startadresse des Maschinenprogrammes. Parameter werden, soweit vorhanden, im C-kompatiblen Format auf den Stack gebracht. Dabei liegt die erste Angabe zuoberst. Zusätzlich wird die Adresse des SEGPTR in A0 übergeben. Ihr Programm wird im Supervisor-Modus aufgerufen, es muß mit einem RTS enden.

IPL stellt den Interrupt-Level ein

IPL(Wert)

Mit diesem Befehl wird festgelegt, welche Interrupts erlaubt werden:

IPL 1   Läßt "Horizontal Blank Interrupts" zu.

IPL 3   Standardeinstellung

IPL 4   schaltet den "Vertical Blank Interrupt" aus. Die Maus bewegt sich nicht mehr, Sprites gehen nicht mehr und der Cursor wird nicht mehr dargestellt.

IPL 6   keine Tastaturabfrage mehr; ebenso kein serieller Datenempfang. Außerdem wird der Timer nicht mehr abgefragt, WAIT wartet endlos, ON TIMER GOSUB wird nicht mehr abgefragt.

Diesen Befehl können Sie bei Omikron-BASIC dazu nutzen, um ein Programm gegen Unterbrechungen zu schützen:

Durch das Setzen des höchstwertigen Bits wird verhindert, daß ein Programm durch CTRL-C abgebrochen werden kann.

```
IPL 3+(1 SHL 31)
```

WVBL

Dieser Befehl wartet darauf, daß der Videoprozessor mit seiner Arbeit fertig wird. Der Befehl wartet nicht auf den VBL-Interupt, der Zeitpunkt wird eher festgestellt. Bei IPL 4 wird der VBL-Interrupt durch den Befehl WVBL aufgerufen.

SAVE SYSTEM(Adresse)

Dieser Befehl belegt einen Speicherblock des GEMDOS und kopiert den Arbeitsspeicher ab 0 bis zur angegebenen Adresse dorthin. Bei einem Druck auf den Reset-Taster wird anschließend der Speicherblock wieder reserviert. (Funktioniert nur bei der Modulversion von Omikron-BASIC.)

10.   Der Omikron-Compiler

Das Programmpaket wird mit dem Compiler abgerundet. Ein Compiler übersetzt ein Programm in ein direkt verarbeitbares Maschinenprogramm. Für ein compiliertes Programm brauchen Sie also den Interpreter nicht mehr aufzurufen, es kann direkt vom Desktop aus gestartet werden. Dies ist aber nur einer der Vorteile, die erreichbar sind. Der noch wesentlich größere liegt in der erhöhten Ablaufgeschwindigkeit der Programme. Die Beschleunigung hängt stark von dem Programm ab. Am wenigsten können Stringoperationen beschleunigt werden, am stärksten Rechenoperationen mit Integerzahlen. Als Beispiel sei der Compiler selbst genannt: Die Programmierer geben an, das er im compilierten Zustand etwa 9,5mal schneller abläuft als in der Interpreterversion.

Die Bedienung des Compilers ist denkbar einfach: Starten Sie von der Compiler-Diskette das Programm COMPILER.PRG. Der Compiler meldet sich mit einer File-Select-Box. Nun können Sie das Programm auswählen, das Sie compiliert haben wollen. Dieses Programm muß in codierter Form auf der Diskette stehen. Programme, die mit dem Befehl SAVE,A bzw. mit der Funktionstaste F8 aus dem Full-Screen-Editor abgespeichert wurden, sind nicht compilierbar. Ein solches Programm muß erst wieder in den Interpreter eingeladen und mit SAVE abgespeichert werden. Nach dieser Prozedur steht es dann in der gewünschten Form auf Diskette, der Compiler kann es bearbeiten.

Dieser Vorgang benötigt etwa 1 Minute je 48 KByte BASIC-Programm. In dieser Zeit durchläuft der Compiler das Programm dreimal. Während des zweiten und dritten Durchlaufes können Sie den Fortschritt der Arbeit beobachten, es werden die Nummern der gerade bearbeiteten Zeile auf dem Bildschirm ausgegeben.

Im Anschluß an den dritten Durchgang wird das Programm auf Diskette abgespeichert. Der Omikron-Compiler ändert dafür die Extension in .PRG. Ein Programm VERSUCH.BAS wird also als VERSUCH.PRG abgespeichert. Ein compiliertes Programm benötigt in etwa doppelt soviel Speicherplatz wie vor dem Compilieren. Achten Sie also bitte darauf, daß auf der Diskette genügend Platz ist.

Nun sind die Arbeiten abgeschlossen, der Omikron-Compiler meldet sich wieder mit einer File-Select-Box; er ist bereit, ein anderes Programm zu bearbeiten.

Sie können nun ihr Programm direkt vom Desktop aus starten. Das Programm versucht, die Datei BASLIB nachzuladen, diese muß also auf jeden Fall auf derselben Diskette wie das Programm stehen. Danach steht dem Ablauf des Programmes nichts im Wege.

10.1 Compiler-Steuerworte

Sie können in ein Programm gewisse Steuerwörter einschreiben und erreichen damit eine differenzierte Bearbeitung Ihres Programmes. Der Omikron-Compiler kennt vier dieser Steuerwörter. Diese müssen im Interpreter als Prozeduren definiert werden, damit sich Omikron-BASIC nicht daran stört, z.B.:

```
DEF PROC Steuerwort: RETURN
```

Nun kann das Steuerwort im Programm stehenbleiben. Der Interpreter springt die Prozedur an und springt sofort zurück, ohne etwas zu verändern. Der Compiler kann dann mit dem Steuerwort arbeiten, er ignoriert die für ihn sinnlosen Prozedur.

Die beiden TRACE-Statements können auch innerhalb einer IF..THEN-Abfrage stehen, dies gilt für MA und MBS nicht. Letztere müssen ausgeführt werden, wenn sie im Programm stehen.

Die TRACE-Befehle dürfen auch in Abhängigkeit einer Bedingung gegeben werden, die Multitasking-Befehle müssen auf jeden Fall beachtet werden.

TRACE_ON

Ermöglicht ein Multitasking zwischen den Befehlen. Zwischen jedem Befehl wird auf CTRL-C, auf Interrupts und auf die Tastatur geachtet. Befehle wie ON MOUSEBUT oder ON KEY werden also bedient. Mit diesem Steuerwort wird auch der aktuelle Stapelzeiger gespeichert, der für ON ERROR oder RESUME wichtig ist.

TRACE_OFF

Eine Abfragung nach CTRL-C, Tastaturabfrage etc. unterbleibt. Daher funktionieren die Multitasking-Befehle nicht. Des weiteren liefert die Systemvariable ERL immer denn Wert 0, der Befehl RESUME funktioniert nicht.

MULTITASKING_ALWAYS

Es wird immer auf CTRL-C und Multitasking getestet, dies auch ohne das Steuerwort TRACE_ON. Allerdings kann nun auch mitten in einem Befehl (etwa SORT) unterbrochen werden. Dies gilt allerdings nicht für Befehle, die direkt auf eine Betriebssystemroutine zurückgreifen (Beispiel: BLOAD). Alle Routinen die mit ON TIMER, ON KEY, ON HELP ODER ON MOUSEBUT aufgerufen werden, dürfen sich nicht mit Stringhandling befassen.

MULTITASKING_BETWEEN_STATEMENTS

Nun wird die zu Omikron-BASIC kompatible Form eingestellt. Alle Unterbrechungen können wenn überhaupt (TRACE_ON), dann nur an Befehlsgrenzen stattfinden.

MA & TRACE_OFF

Diese Kombination ist die Standardeinstellung: ERL ist immer 0, RESUME funktioniert nicht, dafür werden die Multitasking-Routinen aber auch ständig bedient. Innerhalb dieser Routinen darf es kein Stringhandling geben, ebenso die Befehle DIM und OPEN.

MBS & TRACE_OFF

ERL besitzt immer den Wert 0, RESUME funktioniert nicht, es gibt auch kein Multitasking.

MA & TRACE_ON

Innerhalb von Multitasking-Routinen darf es weder String-handling noch die Befehle DIM oder OPEN geben

MBS & TRACE_ON

Volle Kompatibilität zu Omikron-BASIC.

10.2 Anpassung von Interpreter-Programmen an den Compiler

Der Compiler behandelt nicht alle Programm wie der Interpreter. Allgemein ist der Interpreter des Omikron-BASIC in der Syntax großzügiger als der Compiler. Schwiergkeiten machen vor allem die verschiedenen Variablentypen sowie die Multitasking-Befehle.

■ Der Compiler führt kein Auto-DIM für Variablen durch. Jede Feldvariable muß am Programmanfang bzw. hinter jedem CLEAR-Befehl Dimensioniert werden. Ein Zugriff auf eine nicht dimensionierte Variable wird meist mit einem Bus error geahndet. Der Compiler verbietet ein Dimensionieren innerhalb von Funktionen oder Prozeduren, die Feldelemente als lokale Variablen oder Parameter verwenden.

■ Der Compiler kann ein Variablenfeld verkleinern. Es muß dazu redimensioniert werden: Omikron-BASIC könnte ein Feld nur Umstrukturieren.

■ Besondere Vorsicht ist auch bei lokalen Variablen geboten: Sie werden nicht im Garbage-Segment angelegt, sondern im Streingsegment und auf dem Prozessor-Stack. Dieser muß daher eventuell mit CLEAR,X vergrößert werden.

■ Variablen des Typs %F dürfen nicht lokal verwendet werden, mit ihnen kann auch durch Prozeduren und Funktionen kein Wert zurückgegeben werden, selbst wenn sie mit "R Variable" als Rückgabe-Parameter definiert wurden.

■ Stringvariablen, die in FIELD-Anweisungen stehen, dürfen nicht lokal verwendet werden. Bevor dies geschehen darf, muß entweder eine Zuweisung mit LET in die Stringvariable bzw. die Aufhebung des FIELD-Befehls durch CLOSE geschehen. Bis dahin dürfen die Variablen weder als LOCAL definiert noch in DEF PROC oder DEF FN verwendet werden.

■ Besondere Aufmerksamkeit ist auch dem Variablentyp zu schenken: Eine Division zweier Integervariablen wird für den Compiler immer eine Float-Variable liefern, gleichgültig ob die Division einen Nachkommateil liefert oder nicht. Bei einer Division, die garantiert aufgeht, ist es also besser, die Ganzzahldivision "\" zu verwenden.

■ Funktionen müssen immer das Postfix der Antwortvariablen im Namen tragen. Wird also innerhalb der Funktion eine Float-Berechnung durchgeführt, so muß die Funktion (je nach der verwendeten Genauigkeit) das Postfix "!" oder "#" besitzen. Diese Schwierigkeiten können Sie aber mit einer Formatumwandlung wie CSNG oder CINT innerhalb der Funktion umgehen.

■ Der Variablentyp eines DATA-Statements muß mit dem in der READ-Anweisung übereinstimmen: In eine Variable X! darf nicht der Wert 3 eingelesen werden, 3 ist vom Typ Integer. Hier muß 3. angegeben werden. Durch den Dezimalpunkt wird aus der Integerzahl eine Floatzahl.

■ Bei der Integer-Arithmetik wird nicht auf ein Overflow geachtet. Es kann hier also zu sehr interessanten Ergebnissen kommen. Der Interpreter hat diesen Fehler erkannt und mit einer automatischen Formatumwandlung behoben. Das ist für den Compiler unmöglich. Er kann einen einmal gewählten Verarbeitungstyp nicht mehr umstoßen. Sie müssen also selbst auf die Größe der Variablenwerte achten. Insbesondere bei Integer-Byte- und Integer-Word-Variablen kann es da leicht zu Problemen kommen.

■ Wie bereits weiter oben angedeutet, müssen auch Multitasking-Befehle kritisch beurteilt werden. Ein Programm das die Befehle ON ERROR, ON MOUSEBUT, ON KEY oder ON HELP beinhaltet, sollte auch die Compilerwörter TRACE_ON und MULTITASKING_BETWEEN_STATEMENTS beinhalten. Besonders der Befehl CALL verlangt das letztere Compilerwort.

■ Die Befehle INPUT$ und INPUT USING werden selbst bei der Voreinstellung MULTITASKING_BETWEEN_STATEMENTS durch den Befehl ON TIMER GOSUB unterbrochen.

■ Ein Sprung in eine eigene Fehlerroutine (ON ERROR GOTO) kann den Endwert von Integer FOR..NEXT-Schleifen zerstören. Die Fehlerroutine muß also in der Lage sein, eine Schleifenbedingung zu restaurieren: Ein Beispiel aus dem Compiler-Handbuch:

```
100 FOR I=0 TO Anzahl-1
110    OPEN "I", I+1, Fname$(I)
120 Next I
...
50000-Fehlerroutine
50010 If ERL=110 THEN FOR I=I TO Anzahl-1:RESUME NEXT:NEXT I
50020 RESUME NEXT
```

■ Der letzte Unterschied, der hier noch anzumerken wäre, betrifft die ASC-Funktion: ASC("")=0.

10.3 Optimierung von Compilerprogrammen

Manchmal muß ein Programm besonders schnell ablaufen mit den folgenden Tips läßt sich noch ein bißchen mehr Zeit einsparen.

■ Führen Sie jede Berechnung, die in Integer ausführbar ist, auch in Integer aus. Integer-Operationen lassen sich am effektivsten übersetzen.

■ Bestimmte Rechenvorschriften erzwingen eine Floatberechnung (SQR, / etc.). Innerhalb einer Gleichung, in der so eine Vorschrift vorkommt, wird also im Float-Format gerechnet. Benötigen Sie das Ergebnis nur als Integer-Zahl, so können Sie mit CINT eine Integer-Bearbeitung erzwingen.
Ein Beispiel: A=B*2.5 dauert laut dem Compiler-Handbuch 98,7 Mikrosekunden. Mit A=B*5\2 wird in Integer gerechnet: Dauer 39,8 Mikrosekunden.

■ Strings: String-Berechnungen sind relativ zeitintensiv. Vermeiden Sie nach Möglichkeit ein Zwischenspeichern von Strings.

■ IF..THEN: Einfache Vergleiche lassen sich sehr gut übersetzen. Je mehr Klammerausdrücke oder logische Verknüpfungen benötigt werden, umso mehr Zeit bedarf es bei der Verarbeitung. Vermeiden Sie auf jeden Fall unnötige Klammern.

■ Schleifen: Verwenden Sie dort, wo Sie es einrichten können, die Schleife, die am häufigsten durchlaufen wird als die innerste.

10.4 Fehlermeldungen des Compilers

Too many variables

Der Speicherbedarf für alle Variablen außer den Feldvariablen darf 64 KByte nicht überschreiten.

Out of memory

Das Programm benötigt zuviel Speicher. Entfernen Sie eine eventuell installierte RAM-Disk oder zerlegen Sie das Programm in Einzelteile, die bei Bedarf mit CHAIN nachgeladen werden.

Type mismatch

An eine Funktion oder Prozedur wird eine Variable falschen Typs übergeben.

Bad EXIT

EXIT ist im Compiler nur als EXIT bzw EXIT -1 erlaubt. Die Syntax "EXIT Anzahl" darf nicht verwendet werden.

EXIT TO ist nur zum Verlassen von Schleifen erlaubt, nicht für Prozeduren und Funktionen.

Structure too long

Eine Struktur innerhalb einer Schleife oder einer IF..THEN-Abfrage erstreckt sich über 32 KByte Compilat. Definieren Sie den Schleifeninhalt zumindest teilweise als Unterprogramm.

Undefined statement(s) or DIM

1 Sprünge zeigen auf nicht vorhandene Sprungziele.

2 Es werden nicht Dimensionierte Feldvariablen angesprochen. (Der Interpreter Dimensioniert bei Bedarf automatisch, der Compiler nicht.)

Warnings: Unused Statement(s)

Der Compiler hat unbenutzte Label und Proceduren gefunden. Diese können zur Platzersparnis entfernt werden.

Warning: RETURN type mismatch

Eine selbstdefinierte Variable soll einen Variablentyp zurückgeben, der nicht ihrem Namen entspricht.

10.5 Verarbeitungstypen der Funktionen

Hier folgt eine Liste der Variablentypen, die von den vorhandenen Funktionen zurückgegeben werden. Bei einem Type mismatch Error lohnt es sich, einmal einen Blick darauf zu werfen, das Ergebnis ist teilweise sehr überraschend.

Integer: AND, ASC, BIT, CINT, CINTL, CRSLIN, CVI, CVIL, EOF, EQV, ERL, ERR, FRE, HIGH, IMP, INSTR, LEN, LOC, LOF, LOW, LPEEK, LPOS, MEMORY, MOUSEBUT, MOUSEX, MOUSEY, NAND, NOR, NOT, OR, PEEP, POINT, POS, SEGPTR, SGN, SHL, SHR, TIMER, USR, VARPTR, WPEEK, XOR, =, >, >=, <, <=, <>

Float (Single oder Double):
ARCCOS, ARCCOT, ARCCOTH, ARCSIN, ARSINH, ARTANH, ATN, COS, COSEC, COSH, COT, COTH, DET, EXP, FACT, LN, LOG,SEC, SECH, SIN, SINH, SQR, TAN, TANH, ^, /

Single-Float:
CSNG, CVS, RND

Double-Float:
CDBL, CVD, PI, VAL

String: BIN$, CHR$, DATE$, ERR$, HEX$, INKEY$, INPUT$, LEFT$, LOWER$, MID$, MIRROR$, MKD$, MKI$, MKIL$, MKS$, OCT$, RIGHT$, SPACE$, SPC, STR$, STRING$, TIME$, UPPER$$, @

Vom Typ des Arguments:
ABS, FIX, FRAC, INT, MAX, MIN, MOD, +, -, *, \, (), +1, -1, *2

10.6 Hilfsprogramme auf der Compilerdiskette

CUTLIB

Auf der Compilerdiskette finden Sie das Programm CUTLIB.PRG. Es kürzt die Datei BASLIB auf die vom Programm benötigte Mindestgröße zusammen und hängt es an. Die Datei BASLIB wird also im Anschluß von diesem Programm nicht mehr benötigt.

CUTLIB benötigt neben Ihrem Programm auch noch die Dateien BASLIB.REQ und BASLIB.REL auf der Diskette.

Zusätzlich kann CUTLIB noch drei Fragen an Sie richten, die Sie mit J oder N beantworten sollten.

1 CTRL-C erlauben

2 Zeicheneingabe über Omikron-BASIC

3 Zeichenausgabe über Omikron-BASIC

Beantworten Sie die beiden letzten Fragen mit J, so stehen Ihnen einige für Omikron-BASIC spezifische Eingabe- und Ausgabe-Möglichkeiten zur Verfügung (Rahmen setzten etc.), andernfalls sparen Sie Speicherplatz. Benötigte Routinen werden auf jeden Fall eingebunden.

CUTLIB ist auch im Batch-Betrieb ausführbar, die Syntax lautet:

```
CUTLIB Name [, Nachladen,...] [Antwort]
```

Der Name gibt das zu bearbeitende Programm an. Für den Fall, daß Programmteile nachgeladen werden, müssen diese als Liste unter Nachladen angegeben werden. Antwort beantwortet die 3 Fragen von CUTLIB: Jeweils ein Großes J für ja, ein N für nein. Vor diese drei Zeichen muß ein Minus gesetzt werden, z.B. -NNN oder -JJN. Ein -999 sorgt dafür das die gesamte BASLIB eingebunden wird.

SHELL

Das Programm SHELL.PRG ist ein textorientierter Kommando-Interpreter. Folgende Kommandos werden von SHELL ausgeführt:

DIR	Gibt ein Inhaltsverzeichnis aus.
CHDIR Pfad	Wechselt das Inhaltsverzeichnis.
MKDIR Pfad	Richtet einen Ordner ein.
COPY Quelle Ziel	
	Kopiert Dateien.
REN Alter_Name Neuer_Name	
	Benennt Dateien um.
DEL Name	Löscht eine Datei von Diskette.
RMDIR Pfad	Entfernt einen (leeren) Ordner.
CLS	Löscht den Bildschirm.
DATE [Datum]	Stellt das Datum ein.
TIME [Zeit]	Stellt die Zeit ein.
PAUSE	Wartet auf einen Tastendruck.
REM	Bemerkung.
PROMPT Zeichenkette	
	Stellt das Prompt ein:

	$p	Zeigt aktuellen Pfad an
	$d	Gibt Datum aus.
	$g	> Zeichen.
	$n	Aktuelles Laufwerk

TYPE Name	Gibt eine Datei auf dem Bildschirm aus.
VER	Gibt die Versionsnummer des Betriebssystems.
Name Parameter	Startet das Programm.
Batchname Parameter	
	Startet einen Batch. Alle Zeilen werden als Befehle ausgeführt. %1 verlangt den ersten Parameter, %2 den zweiten usw..
ECHO ON/OFF	Schaltet die Bildschirmausgabe bei Batches an oder aus.
EXIT	Verläßt SHELL.PRG.

Dateien des Typs .PRG oder .BAT können ohne Extension angegeben werden.

11. Anhänge

11.1 Die Funktionen des BIOS

Die Funktionen des BIOS sind zwar kein Bestandteil von Omikron-BASIC, aber man kann sie von Omikron-BASIC aus ansprechen. Damit Ihnen diese Möglichkeit nicht vorenthalten bleibt, hier die Informationen.

Ein R innerhalb des Aufrufes steht für eine Variable, die eine Rückantwort aufnehmen soll. Steht als erstes Zeichen innerhalb der Klammern ein Komma, so liefert die Funktion keine Antwort.

Getmpb: BIOS(,0,HIGH(Zeiger),LOW(Zeiger))

Schreibt an der Adresse Zeiger einen 12-Byte-Memory-Parameter-Block

Bconstat: BIOS(R,1,Device)

Liefert den Status des Eingabegerätes.

-1   Mindestens ein Zeichen bereit
0   kein Zeichen bereit

Device=1	steht für die RS232-Schnittstelle
Device=2	steht für Tastatur und Bildschirm (bitte nicht unter Omikron-BASIC)
Device=3	MIDI-Schnittstelle

Bconin: BIOS(R,2,Device)

Liest ein Zeichen vom jeweiligen Gerät ein. Die Funktion kommt nur mit einem Zeichen zurück.

Device=0	Centronics-Port
Device=1	RS232-Schnittstelle
Device=2	Tastatur (bitte nicht unter Omikron-BASIC)
Device=3	MIDI

Bconout:BIOS(,3,Device,Zeichen)

Gibt das Zeichen an das Gerät aus. Die Funktion kehrt erst zurück, wenn das Zeichen ausgegeben wurde.

Device=0	Centronics-Port
Device=1	RS232-Schnittstelle
Device=2	Bildschirm (bitte nicht unter Omikron-BASIC)
Device=3	MIDI
Device=4	Tastaturprozessor

Rwabs: BIOS(R,4,rwflag,HIGH(Buffer), LOW(Buffer),Anzahl,Sektornummer,Laufwerk)

Liest oder schreibt Sektoren auf beliebigem Laufwerk.

rwflag=0	Lesen, bei Diskettenwechsel Fehler ausgeben
rwflag=1	Schreiben, bei Diskettenwechsel Fehler ausgeben
rwflag=2	Lesen, Diskettenwechsel ignorieren
rwflag=3	Schreiben, Diskettenwechsel ignorieren
Anzahl	gibt die Zahl der Sektoren an, die gelesen/geschrieben werden sollen.
Sektornummer	ist die logische Nummer des ersten Sektors.
Laufwerk	bestimmt das Laufwerk (A=0, B=1,...).
R	gibt entweder den Wert 0 (kein Fehler) oder einen negativen Fehlercode zurück. Die Fehlernummer entspricht den GEMDOS-Fehlern im Anhang 11.5.

Setexc: BIOS(R,5,Vektornummer, HIGH(Vektoradresse),LOW(Vektoradresse))

Erlaubt, einen Exception-Vektor zu verändern (Vektornummer).

Vektornummer	0-255 für die Vektoren des Prozessors sowie die 8 Vektoren des GEM (256-263).
Vektoradresse	Neues Ziel des Vektors; bei Adresse=-1 wird nicht geändert.
R	ergibt den alten Vektor (auch bei Adresse=-1).

Tickcal: BIOS(R,6)

R	enthält die Anzahl der Millisekunden zwischen zwei Timeraufrufen.

Getbpb: BIOS(R,7,Laufwerk)

Die Funktion gibt einen Zeiger auf den BIOS-Parameter-Block des Laufwerks.

Der BIOS-Parameter-Block besteht aus 9 Integer-Word-Werten in Bytes, Directorylänge in Sektoren, FAT-Länge in Sektoren, Sektornummer der 2. FAT, Sektornummer des ersten Daten-Clusters, Anzahl der Daten-Cluster auf der Diskette, intern verwendete Flags.

Laufwerk   A=0, B=1, C=...

Bcostat: BIOS(R,8,Device)

Stellt fest, ob ein Gerät bereit ist zu senden.

Device=0	Centronics-Port
Device=1	RS232-Schnittstelle
Device=3	MIDI
Device=4	Tastaturprozessor
R	übergibt TRUE (=-1) für ein sendebereites Device, andernfalls FALSE (=0).

Mediach: BIOS(R,9,Laufwerk)

Ermittelt, ob zwischenzeitlich eine Diskette gewechselt wurde.

Laufwerk   A=0, B=0, C=...

Die Antwort bedeutet:

R=0	kein Wechsel der Diskette
R=1	Diskette kann gewechselt worden sein
R=2	Diskette ist gewechselt worden

Drvmap: BIOS(R,10)

Ermittelt die angeschlossenen Laufwerke.

R   ist als Bitmaske zu verstehen. Die gesetzten Bits stehen für existente Laufwerke: Bit 0 für A, Bit 1 für B usw. Auch bei nur einem angeschlossenen Laufwerk wird der entsprechende Wert für zwei Laufwerke gegeben.

Kbshift: BIOS(R,11,Status)

Übergibt oder verändert den Status der Shift-Tasten.

Für Status=-1 wird abgefragt, zum Setzen muß Status ein positiver Wert sein:

Bit 0	Rechte Shift-Taste
Bit 1	Linke Shift-Taste
Bit 2	CTRL-Taste
Bit 3	Alternate-Taste

Bit 4	Caps Lock eingeschaltet
Bit 5	Rechte Maustaste oder Clr/Home
Bit 6	Linke Maustaste oder Insert
Bit 7	unbenutzt

11.2 Die Funktionen des XBIOS

Hier kommt nun eine Auflistung der XBIOS-Routinen. R
steht auch für eine Variable, die eine Antwort der Funktion aufnehmen kann. Alle Routinen bis ins kleinste zu er-
läutern, kann nicht Aufgabe dieses Anhangs sein. Er soll
nur ermöglichen, daß man auch diese Routinen verwenden
kann.

Initmous: XBIOS(,0,Modus,HIGH(Parameter), LOW(Parameter),HIGH(Routine),LOW(Routine))

Initialisiert die Maus.

Ssbrk: XBIOS(R,1,Speichermenge)

Unter Omikron-BASIC uninteressant, diese Routine muß
vor der Initialisierung des Betriebssystems aufgerufen werden.

Physbase: XBIOS(R,2)

Ermittelt die Adresse, von der der Videoprozessor den
Bildschirm darstellt.

R liefert einen Long-Integer als Adresse.

Logbase: XBIOS(R,3)

Ermittelt die Adresse des Bildschirmes, auf dem gerade
ausgegeben wird. Wenn sich Physbase und Logbase unterscheiden, so wird gerade im Speicher ein Bild aufgebaut.

R liefert ein Long-Integer als Adresse.

Getrez: XBIOS(R,4)

Ermittelt die Bildschirmauflösung.

R=0 320*200 Punkte bei 16 Farben
R=1 640*200 Punkte bei 4 Farben
R=2 640*400 Punkte monochrom

Setscreen: XBIOS(,5,HIGH(Adr1),LOW(Adr1), HIGH(Adr2),LOW(Adr2),Auflösung)

Setzt Physbase auf Adr1, Logbase auf Adr2 sowie die Auflösung nach der Syntax von Getrez (XBIOS 2-4). Soll einer der Werte nicht geändert werden, so muß dort ein negativer Wert übergeben werden.

Setpalette: XBIOS(,6,HIGH(Zeiger),LOW(Zeiger))

Setzt die Farben. Zeiger zeigt auf einen Speicherbereich von 16 Integer-Wörtern. Dort stehen die Farbwerte, die gesetzt werden sollen. (Geht einfacher mit Palette.)

Setcolor: XBIOS(R,7,Farbnummer,Farbwert)

Setzt eine einzelne Farbe. Farbwert gibt den Farbton an, mit der die Farbe Farbnummer belegt werden soll. Bei einem Farbwert von -1 liefert R den alten Farbwert. Dieser wird dann nicht verändert.

Floprd: XBIOS(R,8,HIGH(Buffer), LOW(Buffer),0,0,Laufwerk, Sektor,Spur,Seite,Anzahl)

Mit dieser XBIOS-Routine lassen sich ein oder mehrere Sektoren auf der Diskette lesen.

Buffer	Zeiger auf einen freien Speicherbereich. Dieser Bereich muß für jeden Sektor, der gelesen wird, 512 Byte Platz besitzen.
Laufwerk	0 liest von Laufwerk A, 1 von Laufwerk B.
Sektor	Anzahl der Sektoren die gelesen werden sollen. Mögliche Werte sind 1-10, je nachdem wie die Diskette formatiert wurde
Spur	Normalerweise ein Wert zwischen 0 und 79. Hängt ebenfalls vom Format der Diskette ab.
Seite	Bestimmt die Seite, auf der gelesen werden soll (0 oder 1). Bei einem einseitigen Laufwerk darf nur 0 gegeben werden. Floprd kann nicht über das Spurende hinaus lesen. R gibt einen Fehlercode zurück (Anhang 11.5).

Flopwr: XBIOS(R,9,HIGH(Buffer),LOW(Buffer) ,0,0,Laufwerk, Sektor,Spur,Seite,Anzahl)

Schreibt Sektoren, der Syntax entspricht Floprd (XBIOS 8).

Flopfmt: XBIOS(R,10,HIGH(Buffer),LOW(Buffer),0,0, Laufwerk,Sektoranzahl,Spur,Seite,Interleave, $-789B,$4321,Init)

Formatiert eine Spur auf der Diskette.

Buffer	zeigt auf einen 10 KByte großen Speicherbereich.
Sektoranzahl	kann zu 9 oder 10 bestimmt werden.
Interleave	bestimmt die Reihenfolge in der die Sektoren geschrieben werden sollen. Nehmen Sie für Interleave den Wert 1.
Init	ist der Wert, der in die Sektoren geschrieben werden soll. Empfohlener Wert: $E5E5. Keines der beiden Bytes darf einen Wert zwischen $F0 und $FF haben.

Alles übrige wie Floprd.

Getdsb: XBIOS(R,11)

Unbenutzt.

Midiws: XBIOS(,12,Länge,HIGH(Pointer),LOW(Pointer))

Schreibt einen String in die MIDI-Schnittstelle.

Länge	gibt die Anzahl der Zeichen an.
Pointer	zeigt auf die Adresse, an der der String steht.

Mfpint: XBIOS(,13,Nummer, HIGH(Adresse),LOW(Adresse))

Installiert eine Interruptroutine ab Adresse.

Nummer	beschreibt die Art des Interrupts.

Iorec: XBIOS(R,14,Device)

Ermittelt einen Zeiger auf einen Puffer-Datensatz für ein Eingabegerät:

Device=0	RS232-Eingabepuffer. Der Ausgabepuffer schließt an, er hat das gleiche Format.
Device=1	Tastatur
Device=2	MIDI-Schnittstelle

Der Datensatz hat folgende Struktur:

4 Byte Bufferadresse
2 Byte Buffergröße
2 Byte Head Index (dort werden neue Daten zugefügt)
2 Byte Tail Index
2 Byte Low water mark
2 Byte High water mark

Rsconf: XBIOS(,15,Baud,Ctrl,Ucr,Rsr,Tsr,Scr)

Konfiguriert die RS232-Schnittstelle. Es können die Baudrate sowie das Übertragungsprotokoll festgelegt werden.

Keytbl: XBIOS(R,16,HIGH(Tab1),LOW(Tab1), HIGH(Tab2), LOW(Tab2),HIGH(Tab3),LOW(Tab3))

Setzt die Tastaturtabellen. Jeder der drei Tabellen muß 128 Byte lang sein. Sie werden mit Hilfe des Scancodes adressiert und liefern den ASCII-Code.

Tab1	zeigt auf die "normale" Tabelle
Tab2	zeigt auf die Tabelle für Shift
Tab3	zeigt auf die Tabelle für Caps Lock
-1	setzt die Tabelle nicht.
R	ergibt einen Zeiger auf die Tabellen-Pointer.

Random: XBIOS(R,17)

Diese Funktion liefert eine 24-Bit-Zufallszahl.

Protobt: XBIOS(,18,HIGH(Buffer),LOW(Buffer), HIGH(Seriennr), LOW(Seriennr),Disktyp,Exec)

Erzeugt den Prototypen eines Bootsektors im Speicher ab Buffer.

Serial	ist eine 24-Bit-Seriennummer der Diskette (bzw.-1)
Disktyp	entspricht dem Diskettentyp. Interessant sind die Werte 2 (=360 KByte) und 3 (=720 KByte)
Exec	entscheidet, ob der Bootsektor ausführbar (=1) wird oder nicht (=0)

Der Sektor wird nur im Speicher erzeugt, er wird nicht auf die Diskette geschrieben.

Flopver: XBIOS(R,19,HIGH(Buffer),LOW(Buffer) ,0,0,Laufwerk, Sektor,Spur,Seite,Anzahl)

Prüft Sektoren auf Lesbarkeit. Der Syntax entspricht der Funktion Flopred (XBIOS 8).

Scrdmp: XBIOS(,20)

Erstellt eine Hardcopy vom Bildschirm.

Cursconf: XBIOS(R,21,Funktion,Geschwindigkeit)

Schaltet den Cursor ein bzw. aus. Außerdem wird die Blinkfrequenz bestimmt.

Funktion=0	Cursor aus
Funktion=1	Cursor ein
Funktion=2	Cursor blinkt
Funktion=3	Cursor nicht blinkend
Funktion=4	Blinkrate setzen
Funktion=5	Blinkrate holen

Settime: XBIOS(,22,HIGH(Zeit),LOW(Zeit))

Setzt Uhrzeit und Datum. Zeit das Format:

Bits 0-4	Sekunden in Zweierschritten (0-29)
Bits 5-10	Minuten (0-59)
Bits 11-15	Stunden (0-23)
Bits 16-20	Tag (1-31)
Bits 21-24	Monat (1-12)
Bits 25-31	Jahr (1980=0, 1981=1, 1982=...)

Gettime: XBIOS(R,23)

Holt die Uhrzeit und das Datum. Das Format entspricht dabei der obigen Funktion.

Bioskeys: XBIOS(,24)

Hier werden Änderungenen mit der Funktion Keytble (XBIOS 16) wieder zurückgesetzt.

Ikdbws: XBIOS(,25,Länge,HIGH(Pointer),LOW(Pointer))

Übermittelt Befehle an den Tastaturpuffer. Pointer zeigt dabei auf die Daten, wie sie im Speicher stehen.

Jdisint: XBIOS(,26,Nummer)

Sperrt einen Interrupt des Peripherie-Bausteins MFP. Siehe auch Mfpint (XBIOS 13).

Jenabint: XBIOS(,27,Nummer)

Gibt einen Interrupt des MFP frei. Siehe auch Mfpint (XBIOS 13)

Giaccess: XBIOS(R,28,Daten,Registernummer)

Ermöglicht einen Zugriff auf die Register des Soundchip. Registernummer muß dabei 0-15 sein. Ist außerdem das Bit 7 von Registernummer gesetzt, so werden die Daten geschrieben, sonst gelesen.

Offgibit: XBIOS(,29,Bitnummer)

Löscht ein Bit im Port A des Soundchip.

Ongibit: XBIOS(,30,Bitnummer)

Setzt ein Bit im Port A des Soundchip.

Xbtimer: XBIOS(,31,Timernummer,Control,Data, HIGH(Adresse), LOW(Adresse))

Startet einen Timer des MFP

Dosound: XBIOS(,32,HIGH(Pointer),LOW(Pointer))

Spielt eine vorgegebene Klangfolge ab.

Pointer   zeigt auf eine Tabelle im Speicher. Dort stehende Werte werden als Befehle für den Soundchip interpretiert.

Setprt: XBIOS(,33,Einstellung)

Stellt die Daten für den Drucker ein. Interessant sind die Bits 0-5 von Einstellung.

Bit 0   Matrixdrucker (0) / Typenraddrucker (1)
Bit 1   Farbdrucker (0) / SW-Drucker (1)

Bit 2	Atari (0) / Epson (1)
Bit 3	Draftmodus (0) / NLQ-Modus (1)
Bit 4	Centronics (0) / RS 232 (1)
Bit 5	Endlospapier (0) / Einzelblattpapier (0)

Kbdvbase: XBIOS(R,34)

Ergibt einen Zeiger auf eine Tabelle von Zeigern:

MIDI-Eingabe	Tastatur-Error
MIDI Error	IKBD Status
Mouse-Routinen	Uhrzeit-Routine
Joystick-Routinen	MIDI-Sytemvektor
IKBD-Systemvektor	

Kbrate: XBIOS(R,35, Verzögerung,Wiederholgeschwindigkeit)

Diese Routine setzt die Verzögerungszeit und die Wiederholgeschwindigkeit der Tasten-Repeat-Funktion ein. Wird
einer der Werte zu -1 gegeben, so wird dieser nicht gesetzt.
R übergibt den bisherigen Wert. Bits 0-7 enthalten die
ehemalige Wiederholgeschwindigkeit, Bits 8-15 die alte
Verzögerung.

Prtblk: XBIOS(,36,HIGH(Pointer),LOW(Pointer))

Prtblk ist eine weitere Routine zur Erstellung einer Hardcopy, sie ist in der Bedienung allerdings wesentlich
schwieriger.

Vsync: XBIOS(,37)

Wartet auf einen waagerechten Bildrücklauf (vertical
blanc).

Superexec: XBIOS(,38,HIGH(Adresse),LOW(Adresse))

Führt ein Maschinenprogramm ab Adresse aus. Das Programm wird im Supervisor-Modus ausgeführt.

Puntaes: XBIOS(,39)

Löscht bei älteren Betriebssystemen das AES. Der Befehl
muß aus einem AUTO-Ordner heraus gestartet werden.

11.3 Die Funktionen des GEMDOS

Unter dem GEMDOS sind die schon etwas komfortableren Funktionen des Betriebssystems zusammengefaßt. In diesem Anhang stehen die GEMDOS-Routinen, die von Omikron-BASIC aus aufgerufen werden dürfen. Ein R im Aufruf steht auch in dieser Auflistung für eine Variable, die eine Rückantwort oder Fehlernummer aufnehmen soll. Bei der Übergabe von Daten sollten Sie darauf achten, daß das GEMDOS die Daten im Wort-Format erwartet.

Auxiliary Input: GEMDOS(R,3)

Holt sich ein Zeichen von der RS232. Diese Schnittstelle wird beim Atari ST als Auxiliary Port geführt.

Auxiliary Output: GEMDOS(,4,Zeichen)

Diese Funktion sendet ein Zeichen an die RS 232. Der Code des Zeichens sollte sich in den unteren 8 Bit des Zeichens befinden, die oberen 8 Bits sollten gelöscht sein.

Printer Output: GEMDOS(R,5,Zeichen)

Diese Funktion gibt mit jedem Aufruf ein Zeichen an den Drucker aus. Bei einer korrekten Übergabe steht in R eine -1. Sollte aus irgendeinem Grund (Drucker ohne Papier, Line off etc.) eine Übergabe unmöglich sein, so wird nach ca. 30 Sekunden der Wert 0 zurückgegeben.

Readline: GEMDOS(R,10,HIGH(Buffer),LOW(Buffer))

Readline ist eine sehr komfortable Eingaberoutine: Es wird eine komplette Zeile auf einmal eingelesen. Diese wird sowohl auf den Bildschirm als auch in den ab der Adresse Buffer stehenden Speicherbereich eingeschrieben. Die ersten zwei Byte von Buffer stehen dann für maximale Länge (muß vor dem Aufruf festgelegt werden) und tatsächliche Länge. Ab dem dritten Byte stehen die Daten.

Setdrv: GEMDOS(R,14,Laufwerk)

Setdrv stellt auf ein anderes Laufwerk um, sie gibt als Antwort die Nummer des letzten Laufwerks an (A=0, B=1, C=...)

Conout Stat: GEMDOS(R,16)

Hier wird getestet, ob der Bildschirm in der Lage ist, ein Zeichen zu empfangen. Dies ist allerdings ständig der Fall, die Antwort somit immer -1. (Die Funktion ist überflüssig.)

Prtout Stat: GEMDOS(R,17)

Es wird getestet, ob der Drucker in der Lage ist ein Zeichen zu empfangen. Die Antwort lautet im positiven Fall -1, ist kein Drucker angeschlosen bzw. kein Papier vorhanden, so wird eine 0 zurückgegeben.

Auxin Stat: GEMDOS(R,18)

Es wird getestet, ob an der RS232-Schnittstelle ein Zeichen anliegt (Rückgabe =-1). Ist kein Zeichen vorhanden, so gibt es als Antwort eine 0.

Auxout Stat: GEMDOS(R,19)

Überprüft, ob ein Zeichen gesendet werden kann. Dies ist bei einer Antwort von -1 der Fall, bei 0 nicht.

Current Disk: GEMDOS(R,25)

Current Disk ist das Gegenstück zur GEMDOS-Funktion Nr. 14. Als Antwort gibt es die Nummer des aktuellen Laufwerks. Auch sind die Laufwerke A, B, C,... die Nummern 0, 1, 2 zugeordnet.

Set Disk Transfer Address: GEMDOS(,26,HIGH(Adresse),LOW(Adresse))

Übergibt eine Adresse, an der ein 44 Byte langer Buffer eingerichtet ist. Das GEMDOS benötigt diesen Buffer für die Routinen Sfirst (Nr. 78) und Snext (Nr. 79).

Get Date: GEMDOS(R,42)

Ermittelt das Datum: in den Bits 0-4 steht der Tag (1-31), in den Bits 5-8 steht der Monat (1-12). Das Jahr kann aus den Bits 9-15 gewonnen werden. Zu diesem Wert (0-119) muß noch die Zahl 1980 als Offset addiert werden.

Set Date: GEMDOS(,43,Datum)

Mit dieser Funktion kann das Datum eingestellt werden. Das Format muß dabei analog der GEMDOS-Funktion Nr.42 gegeben werden.

Get Time: GEMDOS(R,44)

Nach dem Aufruf steht in R die Uhrzeit in codierter Form. In Bit 0-4 werden die Sekunden dargestellt. Diese werden in Zweierschritten gestellt, da mit 5 Bit nur Werte zwischen 0 und 31 darstellbar sind. Bits 5-10 enthalten die Minuten, die Bits 11-15 die Stunden im 24-Stunden-Format.

Set Time: GEMDOS(,45,Uhrzeit)

Diese Funktion setzt die Uhrzeit nach dem obigen Schema. Wird die Uhrzeit vom GEMDOS nicht akzeptiert, so gibt es einen Illegal function call error. Im übrigen wird die Veränderung der Uhrzeit mit dieser GEMDOS-Funktion nicht vom XBIOS registriert.

Get Disk Transfer Address: GEMDOS(R,47)

Ermittelt die Adresse des DTA-Buffers (Siehe auch GEMDOS 26). Dieser Buffer wird für die GEMDOS-Routinen 78 und 79 benötigt.

Get Version Number: GEMDOS(R,48)

Ermittelt die Versionsnummer des GEMDOS. Die Antwort ist in der Regel $1300, das entspricht der Versionsnummer 0.13 (in Dezimal 4864).

Get Disk Free Space:
GEMDOS(R,54,HIGH(Buffer),LOW(Buffer), Laufwerk)

Bestimmt den freien Speicherplatz auf einer Diskette: Buffer zeigt auf einen Bereich von 16 Byte. Dort werden als Antwort 4 Langwörter geschrieben:

1   Anzahl der freien Cluster.
2   Anzahl der Cluster auf der Diskette. Es werden alle (auch bereits belegte) Cluster gezählt.
3   Größe eines Diskettensektors in Byte
4   Anzahl der Sektoren, die zu einem Daten-Cluster gehören.

Laufwerk bezeichnet die Diskettenstation, für die die Untersuchung durchgeführt werden soll. Achtung: Die Numerierung weicht hier vom üblichem ab: 0 steht für das aktuelle Laufwerk, 1 für A, 2 für B usw.

Mkdir: GEMDOS(R,57HIGH(Name),LOW(Name))

Richtet einen Ordner auf der Diskette ein. Der Zeiger Name zeigt auf den im Speicher abgelegten Ordnernamen. Dieser darf eine Länge von 8 Zeichen plus 3 Zeichen Extension haben, er muß mit einem Nullbyte abgeschlossen werden. In R steht bei erfolgreichem Aufruf eine 0, andernfalls eine Fehlernummer (siehe Anhang 5).

Rmdir: GEMDOS(R,58,HIGH(Name),LOW(Name))

Löscht einen Ordner von Diskette. Name ist wieder ein Zeiger auf den Ordnernamen, siehe Mkdir (GEMDOS 57). Es können nur Ordner gelöscht werden, die keinen Inhalt besitzen.

Chdir: GEMDOS(R,59,HIGH(Pfadname),LOW(Pfadname))

Legt den Pfadnamen für Diskettenoperationen fest. Pfadname ziegt auf einen komplettten Pfadnamen, dieser muß mit einem Nullbyte abgeschlossen sein. R liefert entweder eine 0 (alles OK) oder aber eine Fehlernummer zurück.

Create:
GEMDOS(R,60,HIGH(Name),LOW(Name),Attribut)

Legt eine neue Datei an. Name dient als Zeiger auf den Dateinamen, dieser muß mit einem Nullbyte abgeschlossen werden. Attribut sagt etwas über die Art der Datei aus: Es ist eine Bitmaske, die gesetzten Bits stehen für:

Bit 0	Sofwaremäßig schreibgeschützt (gilt nicht fürs Formatieren)
Bit 1	Versteckte Datei
Bit 2	Versteckte Systemdatei
Bit 3	Volume Label (Diskettenname)
Bit 4	Ordner

Die Antwort ist entweder ein File-Handle (zwischen 6 und 45) oder eine negative Fehlernummer.

Open: GEMDOS(R,61,HIGH(Name),LOW(Name),Modus)

Hier wird eine vorhandene Datei geöffnet. Name ist wieder ein pointer auf den Dateinamen im nunmehr bekannten Stil.

Modus=0	öffnet die Datei zum Lesen von Daten
Modus=1	öffnet die Datei zum Schreiben von Daten
Modus=2	erlaubt sowohl ein Lesen als auch ein Schreiben von Daten.
R	enthält einen eventuell aufgetretenen Fehler oder den File-Handle.

Close: GEMDOS(R,62,Handle)

Schließt eine Datei. Handle ist der mit Create oder Open ermittelte File Handle. Als Antwort gibt es eine 0 (alles OK) oder eine Fehlernummmer.

Read: GEMDOS(R,63,Handle,HIGH(Anzahl), LOW(Anzahl),HIGH(Buffer),LOW(Buffer))

Diese Routine ermöglicht es, sehr elegant eine Anzahl von Bytes aus einer vorher geöffneten Datei zu holen. Handle entspricht dabei dem vorher von Open gelieferten Wert. Der Zeiger Buffer markiert einen Speicherbereich, Anzahl die Menge der Bytes die in den Buffer geladen werden sollen. R enthält abschließend die Menge der tatsächlich gelesenen Bytes bzw. eine Fehlernummer.

Write: GEMDOS(R,64,HIGH(Anzahl), LOW(Anzahl),HIGH(Buffer), LOW(Buffer))

Entspricht in etwa der GEMDOS-Routine Nr. 63, dient aber zum Schreiben von Daten. Die Bedienung ist analog.

Unlink: GEMDOS(R,65,HIGH(Name),LOW(Name))

Diese Funktion löscht eine nicht mehr gebrauchte Datei von der Diskette. Name zeigt dabei auf den Namen bzw. den Pfad der Datei. Bei Vollzug wird in R eine Null gegeben, sonst eine Fehlermeldung.

Lseek: GEMDOS(R,66,HIGH(Anzahl),LOW(Anzahl), Handle,Modus)

Mit Lseek wird ein wahlfreier Zugriff auf eine Datei ermöglicht. Im Gegensatz zum sequentiellen Lesen ist es mit dieser Funktion möglich, den Zeiger für das als nächstes zu lesende Byte umzusetzen.

Modus=0	Setzt den Zeiger um Anzahl Bytes absolut zum Datei-Anfang.
Modus=1	Setzt den Zeiger um Anzahl Bytes relativ zum bestehenden Dateizeiger.
Modus=2	Setzt den Zeiger absolut zum Datei-Ende.
Handle	spezifiziert die Datei, mit R wird wieder die Fehlernummer zurückgegeben.

Change Mode: GEMDOS(R,67,HIGH(Name),LOW(Name), Modus,Attribut)

Setzt (Modus=1) bzw. erfragt das Dateiattribut (Siehe GEMDOS 60). In R wird unabhängig vom Modus das Attribut geliefert.

Dup: GEMDOS(R,69,Device)

Diese Funktion öffnet eine Datei auf die Tastatur/Bildschirm (Device=1), auf die RS232-Schnittstelle (Device=2) oder auf den Drucker (Device=3). Als Antwort gibt es ein Handle zurück.

Force:GEMDOS(R,70,Device)

Lenkt die Ein- und Ausgabe auf eine offene Datei um.

Getdir:
 GEMDOS(R,71,HIGH(Buffer),LOW(Buffer),Laufwerk)

Ermittelt den zur Zeit aktuellen Pfadnamen und schreibt diesen in einen 64 Byte langen Bereich, auf den Buffer zeigt. Laufwerk bestimmt die Diskettenstation, dabei ist 0 das aktuelle, 1 bezeichnet Laufwerk A, 2 Laufwerk B usw.

Befindet man sich in der Hauptdirectory, so enthält gleich das erste Byte des Buffers eine 0.

Malloc:GEMDOS(R,72,HIGH(Anzahl),LOW(Anzahl))

Mit dieser Routine läßt sich GEMDOS-Speicher anfordern. Mit Anzahl gibt man der Routine zu verstehen, wieviel Speicherbereich man noch benötigt. R gibt dann die Adresse wieder.

Mfree: GEMDOS(R,73,HIGH(Adresse),LOW(Adresse))

Gibt einen mit Malloc reservierten Bereich wieder frei. Dazu wird dem GEMDOS die von Malloc gelieferte Adresse übergeben.

Exec: GEMDOS(R,75,Modus,HIGH(Name),LOW(Name),
 HIGH(Kommando),LOW(Kommando),HIGH(Enviro),
 LOW(Enviro))

Lädt und/oder startet ein Programm. Name zeigt auf einen Bereich, in dem kompletter Pfadname abgelegt wird, Kommando auf einen String, der wie bei einer .TTP-Datei in einer Dialogbox übergeben wird. Enviro zeigt auf einen Environment-String. Dieser hat (wahrscheinlich) keine Bedeutung für das GEMDOS. Modus gibt an, was mit der Datei zu geschehen hat.

Modus=0	Lädt und startet das Programm.
Modus=3	Lädt das Programm lediglich.
Modus=4	Startet ein bereits im Speicher vorhandenes Programm. Dazu wird ab dem mit Name spezifizierten Bereich die Adresse der Basepage erwartet.

Sfirst: GEMDOS(R,78,HIGH(Name),LOW(Name),Attribut)

Durchsucht das Directory nach dem angegebenen Namen. Wird er gefunden, so werden in den DTA-Buffer (siehe GEMDOS 26) folgende Informationen geschrieben: Filenamen, File-Attribut, Datum und Uhrzeit sowie die Länge in Bytes.

Snext: GEMDOS(R,79)

Mit dieser Routine kann man nach weiteren gleichnamigen Dateien suchen. Snext übernimmt die Parameter aus dem Sfirst-Aufruf, siehe dort.

Rename: GEMDOS(R,87,0,HIGH(Alter_Name), LOW(Alter_Name),HIGH(Neuer_Name), LOW(Neuer_Name))

Benennt ein Datei um. Die Funktion benötigt (selbstverständlich) die Dateinamen, die ausgewechselt werden sollen. Daneben muß die 0 unbedingt angegeben werden, die Funktion braucht einen 2-Byte-Parameter.

Gsdtof: GEMDOS(R,87,HIGH(Buffer),LOW(Buffer), Handle,Modus)

Ermittelt bzw. verändert die Uhrzeit und das Datum, das mit jeder Datei abgespeichert wird. Dazu muß die Datei vorher geöffnet werden, das ermittelte Handle muß übergeben werden.

Modus=0   verändert Zeit und Datum.
Modus=1   ermittelt es lediglich.

Die Informationen werden aus dem Buffer geholt, bzw. dort abgelegt.

11.4 Die GEM-Library

Im Lieferumfang von Omikron-BASIC ist eine GEM-Library enthalten. Alle dort vorhanden Aufrufe benötigen mehr oder weniger viele Parametern. Dieser Anhang ist in der Reihenfolge der Funktionsnummern gehalten. Dies ist bei GEMLIB.BAS nur im ersten Teil (AES) der Fall. Bei den Definitionen zum VDI ist einiges durcheinander geraten. (Allerdings nicht so stark, als daß es nicht möglich wäre, die Funktionen zu finden.)

11.4.1   Application Manager

Appl_Init

Meldet eine Applikation (Anwendung) beim GEM an.

Appl_Read(ap_rlength,ap_rbuff$,ap_rreturn)

Liest eine Nachricht aus dem Ereignispuffer.

ap_rlength	rAnzahl der Bytes, die gelesen werden sollen.
ap_rbuff$	Name der Variablen, in der das Ergebnis übergeben werden soll.
ap_rreturn	Antwort, bei 0 ist alles OK, bei >0 ist ein Fehler aufgetreten.

Appl_Write(ap_wid,ap_wbuff$,ap_wreturn)

Schreibt eine Nachricht in den Ereignispuffer

ap_wid	Appl_Id der Anwendung.
ap_wbuff$	Stringvariable, in der die Nachricht steht.
ap_wreturn	Antwort, bei 0 ist alles OK, sonst gab es einen Fehler.

Appl_find(ap_fname$,ap_fid)

Ermittelt die Applikation-ID einer Anwendung.

ap_fname$	Filename der Applikation.
ap_fid	Enthält als Antwort die ID der Anwendung.

Appl_tplay(ap_tpnum,ap_tpscale,ap_tpmen)

Spielt aufgezeichnete Ereignisse ab.

ap_tpnum   Anzahl der Ereignisse.

ap_tpscale   Abspielgeschwindigkeit von 1-1000 (normal: 100).

Appl_trecord(ap_trcount,ap_trmem)

Zeichnet eine Anzahl von Ereignissen auf.

ap_trcount   Anzahl der Ereignisse, für die Platz verhanden ist.

appl_trmen   Adresse, ab der Platz im Speicher vorhanden ist.

Appl_exit

Meldet eine Applikation wieder ab.

11.4.2   Event Manager

Evnt_keybd(ev_kreturn)

Wartet auf einen Tastendruck.

ev_kreturn   Enthält den Tastencode.

Evnt_button(ev_bclicks,ev_bmask,ev_bstate,ev_breturn, ev_bmx,ev_bmy,ev_bbutton,ev_bkstate)

Wartet auf einen Maustastenzustand.

ev_bclicks   Anzahl der Mausklicks, die zu einer Reaktion führen soll.

ev_bmask   Maske der Maustasten, die überprüft werden sollen.
                   Bit0 = linke Taste,
                   Bit1 = rechte Taste.

ev_bstate   Zustand der Maustasten, bei dem ein Event ausgelöst werden soll.

Rückantwort:

ev_breturn   Anzahl der tatsächlichen Mausklicks.

ev_bmx   X-Koordinate der Maus bei Auslösung.

ev_bmy   Y-Koordinate der Maus bei Auslösung.

ev_bbutton   Maske der betätigten Knöpfe.

ev_bkstate   Zustand der Shiftkeys.

Evnt_mouse(ev_moflags,ev_mox,ev_moy,ev_mowidth, ev_moheight,ev_momx,ev_momy,ev_mobutton, ev_mokstate)

Wartet darauf, daß die Maus einen rechteckigen Bereich betritt oder verläßt.

ev_moflag	Flag=0 wartet auf das Betreten, Flag=1 wartet auf das Verlassen des Bereichs durch den Mauszeiger
ev_mox	X-Koordinate der linken oberen Ecke des Rechteckes.
ev_mowidth	Breite der Fläche
ev_moheight	Höhe der Fläche.

Rückantwort:

ev_momx	X-Koordinate des Mauszeigers im Moment des Ereignisses.
ev_momy	Y-Koordinate des Mauszeigers im Moment des Ereignisses.
ev_mobutton	Zustand der Mausknöpfe im Moment des Ereignisses.
ev_mokstate	Zustand der Shiftkeys.

Evnt_Mesage(ev_mgbuff$)

Wartet darauf, daß eine Meldung im Ereignispuffer vorliegt.

Evnt_timer(ev_tcount)

Wartet darauf, daß eine bestimmte Zeit verstrichen ist.

ev_tcount	Anzahl der Millisekunden, auf deren Verstreichen gewartet werden soll.

Evnt_multi(ev_mflags,ev_mbclicks,ev_mbmask,ev_mstate, ev_mm1flags,ev_mm1x,ev_mm1y,ev_mm1width, ev_mm1height,ev_mm2flags,ev_mm2x,ev_mm2y, ev_mm2width,ev_mm2height,ev_mtcount,ev_mmgbuff$, ev_mwhich,ev_mmox,ev_mmoy,ev_mmobutton, ev_mmokstate,ev_mkreturn,ev_mbreturn)

Wartet auf das Eintreten eines oder mehrerer Ereignisse.

ev_mflags	Maske der Ereignisse, auf die gewartet werden soll. Reihenfolge Bit 0-5 Tastatur, Mausknopf, Rechteck1, Rechteck2, Meldung im Puffer, Timer.
ev_mbclicks	Anzahl der Mausklicks, die zu einer Reaktion führen soll.
ev_mbmask	Maske der Mausknöpfe, die überwacht werden sollen.
ev_mbstate	Maske der Mausknöpfe, die das Event auslösen.
ev_mm1flags	Flag=0 wartet auf Betreten, Flag=1 auf Verlassen des Bereichs.
ev_mm1x	X-Koordinate der linken oberen Ecke von Bereich 1.
ev_mm1width	Breite von Bereich 1.
ev_mm1height	Höhe von Bereich 1.
ev_mm2flags	Analog zu Bereich 1, spezifiziert einen zweiten Bereich.
ev_mm2x	
ev_mm2y	

ev_mm2width
ev_mm2height
ev_mtcount   Zeitintervall in Millisekunden.

Rückantworten:

ev_mmgbuff$	Enthält den Message-Buffer
ev_mwhich	Maske der eingetretenen Ereignisse. Siehe ev_mflags.
ev_mmox	X-Position des Mauszeigers zum Zeitpunkt des Ereignisses.
ev_mmoy	Y-Position des Mauszeigers zum Zeitpunkt des Ereignisses.
ev_mmobutton	Maske der tatsächlich gedrückten Mausknöpfe.
ev_mmokstate	Zustand der Shiftkeys.
ev_mmkreturn	Enthält den Tastencode.
ev_mbreturn	Anzahl der tatsächlichen Mausklicks.

Evnt_Dclick(ev_dgetset,ev_dspeed)

Setzt bzw. liefert die Zeit für einen Doppelklick der Maus.

ev_dspeed   Ergibt bei ev_dgetset=0 die Zeit, für ev_dgetset=1 enthält ev_dspeed die neue Zeit.

11.4.3   Menu Manager

Menu_bar(me_btree)

Stellt eine Menüzeile dar.

me_btree   Adresse des Menü-Objektbaumes.

Menu_bar

Schaltet die Menüzeile ab.

Menu_Icheck(me_citem,me_ccheck)

Setzt oder löscht ein Prüfzeichen vor einem Menüpunkt.

me_citem	Nummer des Menüeintrags innerhalb des Baumes.
me_ccheck	0=löscht Prüfzeichen 1=setzt Prüfzeichen.

Menu_ienable(me_eitem,me_eenable)

Aktiviert bzw. deaktiviert einen Menüeintrag.

me_eitem   Nummer des Menüeintrags innerhalb des Baumes.

| me_eenable | 0=deaktiviert, |
| | 1=aktiviert. |

Menu_tnormal(me_nitem,me_nnormal)

Stellt einen Menütitel normal oder invers dar.

me_nitem	Nummer des Menüeintrag innerhalb des Baumes.
me_nnormal	0=inverse Darstellung,
	1= normale Darstellung.

Menu_text(me_titem,me_ttext$)

Dieser Aufruf ändert den Text eines Menüeintrags.

| me_titem | Nummer des Menüeintrags innerhalb des Baumes. |
| me_ttext | Neuer Text des Menüeintrags. |

Menu_registert(me_rstring$,me_reMenueid)

Der Eintrag für ein Accessory wird aktiviert, d.h. das AES merkt sich die Adresse, wo er steht.

| me_rstring$ | Name des Accessories. |

Rückantwort:

| me_remenuid | Menue ID des Accessories. |

11.4.4   Object Manager

Objc_add(ob_aparent,ob_achild,ob_atree)

Fügt ein Objekt an einen bestehenden Objektbaum an

ob_aparent	Index des übergeordneten Objekts.
ob_achild	Index des Objekts, das hinzugefügt werden soll.
ob_atree	Adresse des Objektbaumes.

Objc_delete(ob_dlobject,ob_dltree)

Löst ein Objekt aus einem Baum heraus.

| ob_dlobject | Index des herauszulösenden Objekts. |
| ob_dtree | Adresse des Objektbaumes. |

Objc_draw(ob_drstartob,ob_drdepth,ob_drxclip, ob_dryclip, ob_drwclip,ob_drhclip,ob_drtree)

Zeichnet einen Objektbaum auf den Bildschirm.

ob_drstart	Index des ersten zu zeichnenden Objekts.
ob_drdepth	Anzahl der Hierarchie-Ebenen die gezeichnet werden sollen.
ob_drxclip	X-Koordinate der linken oberen Ecke des Begrenzungsrechtecks.
ob_dryclip	Y-Koordinate der linken oberen Ecke des Begrenzungsrechtecks.
ob_drwclip	Breite des Begrenzungsrechtecks.
ob_drhclip	Höhe des Begrenzungsrechtecks.
ob_drtree	Adresse des Objektbaumes.

Objc_find(ob_fstartob,ob_fdepth,ob_fmx,ob_fmy, ob_ftree, ob_fobnum)

Ermittelt, ob sich ein Objekt unter dem Mauszeiger befindet.

ob_fdepth	Anzahl der Hierarchie-Ebenen, die überprüft werden sollen.
ob_fmx	X-Koordinate des Mauszeigers.
ob_fmy	Y-Koordinate des Mauszeigers.
ob_ftree	Adresse des Objektbaumes.

Rückantwort:

ob_fobnum	Befindet sich der Mauszeiger über einem Objekt, so wird hier die Nummer des Objektes übergeben, andernfalls eine 0.

Objc_offset(ob_ofobject,ob_oftree,ob_ofxoff,ob_ofyoff)

Berechnet die Koordinaten eines Objektes relativ zum Bildschirmnullpunkt.

ob_ofobject	Index des Objektes, dessen Koordinatne bestimmt werden sollen.
ob_oftree	Adresse des Objektbaumes.

Rückantwort:

ob_ofxoff	Errechnete X-Koordinate.
ob_ofyoff	Errechnete Y-Koordinate.

Objc_order(Objc_object,ob_ornewpos,ob_ortree)

Ein Objekt wird in seiner logischen Position als Unter-Objekt umgruppiert.

ob_oroblect	Index des Objektes, das umgeordnet werden soll.
ob_ortree	Adresse des Objektbaumes.

Objc_Edit(ob_edobject,ob_edchar,ob_edidx, ob_edkind,ob_edtree)

Mit dieser Funktion kann ein Benutzer Text in ein Objekt eingeben.

ob_edobjekt	Index des zu editierenden Objektes.
ob_edchar	Letztes eingegebenes Zeichen.
ob_edidx	Position des eingegebenen Zeichens.
ob_edkind	1=Objektzeile initialisieren.
	2=Eingegebenes Zeichen verarbeiten.
	3=Text-Cursor ausschalten.
ob_edtree	Adresse des Objektbaumes.

Rückantwort:

ob_edidx	Position des nächsten Zeichens.

Objc_change(ob_cobject,ob_cnewstate,ob_ctree)

Der Status eines Objektes soll geändert werden.

ob_cobject	Index des zu ändernden Objektes.
ob_cnewstate	Neuer Status des Objektes.
ob_ctree	Adresse des Objektbaumes.

Objc__change(ob_cobject,ob_cnewstate,ob_cxclip, ob_cyclip, ob_cwclip,ob_chclip,ob_ctree)

Der Status des Objektes soll geändert werden. Es werden nur Objekte geändert, die innerhalb des Rechteckes liegen.

ob_cobject	Index des zu ändernden Objekts.
ob_cnewstate	Neuer Status des Objekts.
ob_cxclip	X-Koordinate der linken oberen Ecke des Begrenzungsrechtecks.
ob_cyclip	Y-Koordinate der linken oberen Ecke des Begrenzungsrechtecks.
ob_cwclip	Breite des Begrenzungsrechtecks.
ob_chclip	Höhe des Begrenzungsrechtecks.
ob_ctree	Adresse des Objektbaumes.

11.4.5   Form Manager

Form_do(fo_dostartob,fo_dotree,fo_doreturn)

Das AES übernimmt nun den Dialog, bis ein Exit-Objekt angewählt wurde.

fo_dostartob	Index des Text-Feld-Objektes, das zuerst editiert werden soll. Gibt es innerhalb des Objektes kein solches Feld, so muß hier eine 0 übergeben werden.
fo_dotree	Adresse des Objektbaumes.

Rückantwort:

fo_doreturn	Index des Objektes, das den Exit bewirkte.

Form_dial(fo_diflag,fo_dix,fo_diy,fo_diw,fo_dih)

Diese Funktion erfüllt insgesamt vier Aufgaben, je nach Wert von fo_diflag.

fo_diflag	0 reserviert den benötigten Bildschirmspeicher.
	1 Zeichnet ein sich ausdehnendes Rechteck.
	2 Zeichnet ein zusammenschrumpfendes Rechteck.
	3 Gibt den reservierten Bildschirmspeicher wieder frei.
fo_dix	X-Koordinate der linken oberen Ecke des Bereiches in seiner größten Ausdehnung.
fo_diy	Y-Koordinate der linken oberen Ecke des Bereiches in seiner größten Ausdehnung.
fo_diw	Maximale Breite des Bereichs.
fo_dih	Maximale Höhe des Bereichs.

Form_alert(fo_adefbttn,fo_astring$,fo_exbttn)

Stellt eine Warnmeldung mit beliebigen Text dar (siehe auch den BASIC-Befehl Form_alert).

fo_adefbttn	Nummer des Default-Knopfes (O=Keiner, 1=Erster...)
fo_astring$	Definitionstring. Aufbau siehe Erklärung des BASIC-Befehls.

Rückantwort:

fo_exbttn	Nummer des Knopfes, der zur Quittierung verwendet wurde.

Form_error(fo_enum)

Erstellt eine Warnbox für einen TOS-Fehler.

fo_enum	Nummer des TOS-Fehlers.

Form_center(fo_ctree,fo_cx,fo_cy,fo_cw,fo_ch)

Berechnet die Koordinaten einer Dialogbox, so daß diese zentriert auf den Bildschirm kommt.

fo_ctree	Adresse des Objektbaumes.

Rückantwort

fo_cx	X-Koordinate der linken oberen Dialogboxecke.

fo_cy	Y-Koordinate der linken oberen Dialogboxecke.
fo_cw	Breite der Dialogbox.
fo_ch	Höhe der Dialogbox.

11.4.6   Graphics Manager

Graf_Rubberbox(gr_rx,gr_ry,gr_rminwidth ,gr_rminheight, gr_rlastwidth,gr_rlastheight)

Es wird ein Kasten gezeichnet, dessen linke obere Ecke feststeht, und dessen rechte untere Ecke der Maus folgt. Diese Aktion wird mit dem Lösen der linken Maustaste beendet.

gr_rx	X-Koordinate der linken oberen Ecke des Rechtecks.
gr_ry	Y-Koordinate der linken oberen Ecke des Rechtecks.
gr_rminwidth	Kleinstmögliche Breite des Rechtecks.
gr_rminheight	Kleinstmögliche Höhe des Rechtecks.

Rückantwort:

| gr_rlastwidth | Breite des Rechtecks, als die Maus losgelassen wurde. |
| gr_rlastheight | Höhe des Rechtecks, als die Maus losgelassen wurde. |

Graf_dragbox(gr_dwidth,gr_dheight,gr_dstartx, gr_dstarty, gr_dboundx,gr_dboundy,gr_dboundw, gr_dboundh,gr_dfinishx, gr_dfinishy)

Diese Routine zeichnet ein Rechteck, das der Benutzer innerhalb eines anderen Rechtecks verschieben kann.

gr_dwidth	Breite des verschiebbaren Rechtecks.
gr_dheight	Höhe des verschiebbaren Rechtecks.
gr_dstartx	Anfangs-X-Koordinate der linken oberen Ecke.
gr_dstarty	Anfangs-Y-Koordinate der linken oberen Ecke.
gr_dboundx	X-Koordinate der linken oberen Ecke des Umgrenzungsrechtecks.
gr_dboundy	Y-Koordinate der linken oberen Ecke des Umgrenzungsrechtecks.
gr_dboundw	Breite des Begrenzungsrechtecks.
gr_dboundh	Höhe des Begrenzungsrechtecks.

Rückantwort:

| gr_dfinishx | X-Koordinate der linken oberen Ecke des verschiebbaren Rechteckes zum Zeitpunkt des Loslassens. |
| gr_dfinishy | Y-Koordinate der linken oberen Ecke des verschiebbaren Rechteckes zum Zeitpunkt des Loslassens. |

Graf_movebox(gr_mwidth,gr_mheight,gr_mstartx, gr_mstarty, gr_mdetx,gr_mdety)

Zeichnet ein Rechteck konstanter Größe, das sich von Start nach Ziel bewegt.

gr_mwidth	Breite des Rechtecks.
gr_mheight	Höhe des Rechtecks.
gr_mstartx	X-Koordinate des Startpunktes.
gr_mstarty	Y-Koordinate des Startpunktes.
gr_mdestx	X-Koordinate des Zielpunktes.
gr_mdesty	Y-Koordinate des Zielpunktes.

Graf_growbox(gr_gstx,gr_gsty,gr_gstwidth,gr_gstheight, gr_gfinx,gr_gfiny,gr_gfinwidth,gr_gfinheight)

Zeichnet ein sich ausdehnendes Rechteck.

gr_gstx	X-Koordinate des Anfangsrechtecks.
gr_gsty	Y-Koordinate des Anfangsrechtecks.
gr_gstwidth	Anfangsbreite des Rechtecks.
gr_gstheight	Anfangshöhe des Rechtecks.
gr_gfinx	X-Koordinate des Endrechtecks.
gr_gfiny	Y-Koordinate des Endrechtecks.
gr_gfinwidth	Breite des Endrechtecks.
gr_gfinheight	Höhe des Endrechtecks.

Graf_shrinkbox(gr_sfinx,gr_sfiny,gr_sfinwidth, gr_sfinheight,gr_sstx,gr_ssty,gr_sstwidth,gr_sstheight)

Zeichnet ein in sich zusammenschrumpfendes Rechteck.

gr_sfinx	X-Koordinate des Endrechtecks.
gr_sfiny	Y-Koordinate des Endrechtecks.
gr_sfinwidth	Breite des Endrechtecks.
gr_sfinheight	Höhe des Endrechtecks.
gr_sstx	X-Koordinate des Anfangsrechtecks.
gr_ssty	Y-Koordinate des Anfangsrechtecks.
gr_sstwidth	Anfangsbreite des Rechtecks.
gr_sstheight	Anfangshöhe des Rechtecks.

Graf_watchbox(gr_wobject.gr_winstate,gr_woutstate, gr_wtree, gr_wreturn)

Überwacht das Betreten bzw. Verlassen eines Objektes durch den Mauszeiger. Dieses Oblekt muß Teil eines Objektbaumes sein.

gr_wobject	Index des zu überwachenden Objektes.
gr_winstate	Status des Objektes beim Betreten mit dem Mauszeiger (Knopf gedrückt). 0=Normal 1=Selected 2=Crossed 4=Checked 8=Disabled 16=Outlined 32=Shadowed
gr_woutstate	Status des Objektes beim Verlassen durch die Maus (Mauszeiger gedrückt).
gr_wtree	Adresse des Objektbaumes.

Rückantwort:

| gr_wreturn | Position des Mauszeigers beim Loslassen des Knopfes innerhalb (1) oder außerhalb (0) des Rechtecks. |

Graf_slidebox(gr_slparent,gr_slobjectg,gr_slvh, gr_slreturn)

Zeichnet einRechteck, das sich innerhalb eines übergeordneten Bereiches entweder Senkrecht oder Waagerecht bewegen läßt.

gr_slparent	Index des übergeordneten Objektes im Baum.
gr_sloblect	Index des verschiebbaren Objektes im Baum.
gr_slvh	Verschiebungsrichtung waagerecht (0) oder senkrecht (1).

Rückantwort:

| gr_slreturn | Position des verschiebaren Rechtecks relativ zum umfassenden   0 entspricht ganz links (oben); 1000 entspricht ganz rechts (unten). |

Graf_handle(gr_handle,gr_hwchar,gr_hhchar, gr_hwbox,gr_hhbox)

Diese Routine ermittelt Daten des VDI.

Rückantwort:

gr_handle	Handle der geöffneten Workstation.
gr_hwchar	Breite eines Buchstaben.
gr_hhchar	Höhe eines Buchstaben.
gr_hwbox	Breite des Kastens um jeden Buchstaben.
gr_hhbox	Höhe des Kastens um jeden Buchstaben.

Graf_mouse(gr_monumber)

Wählt die Mausform aus.

| gr_monumber | Wählt eine der 8 Standardformen aus. |

Graf_mouse(gr_mohotx,gr_mohoty,gr_momcolor,
  gr_modcolor, varptr(gr_moform%(31)))

Stellt einen selbstdefinierten Mauszeiger ein.

Dazu müssen die Daten für Mauszeiger und Mausmaske in einem Feld von 32 Wörtern abgelegt werden.

gr_mohotx	X-Koordinate des Hot Spot.
gr_mohoty	Y-Koordinate des Hot Spot.
gr_momcolor	Farbe der Mausmaske.
gr_modcolor	Farbe des Mauszeigers.
gr_moform%(0)	Erstes Datenwort der Mausmaske.
gr_moform%(16)	Erstes Datenwort des Mauszeigers.

Graf_mkstate(gr_mkmx,gr_mkmy,gr_mkmstate,
  gr_mkstate)

Es wird die Position der Maus sowie der Zustand von Mausknöpfen und Shiftkeys ermittelt.

gr_mkmx	X-Koordinate des Mauszeigers.
gr_mkmy	Y-Koordinate des Mauszeigers.
gr_mkmstate	Maske der gedrückten Mausknöpfe.
gr_mkstate	Maske der gedrückten Shiftkeys.

11.4.7   Scrap Manager

Scrp_read(sc_rscrap$)

Kopiert einen String aus einem globalen Buffer in den der Applikation.

Rückantwort:

sc_rscrap$	Enthält den Inhalt des globalen Puffers.

Scrp_write(sc_rscrap$)

Schreibt einen String in einen globalen Buffer.

sc_rscrap$	Enthält die Daten, die in den Buffer geschrieben werden sollen.

11.4.8   File Select Manager

Fsel_input(fs_ipath$,fs_isel$,fs_iexbutton)

Erzeugt eine komplette File-Select-Box.

fs_ipath$ Vorgabe des Pfadnamens.
fs_isel$ Defaultname einer Datei.

Rückantwort:

fs_ipath$ Tatsachlich ausgewählter Pfad.
fs_isel$ Tatsächlich ausgewähltes File.
fs_exbutton   Angeklickter Exitknopf. (1=Ok, 0=Abbruch)

11.4.9   Window Manager

**Wind_create(wi_crkind,wi_crwx,wi_crwy,wi_crww,
  wi_crwh, wi_crreturn)**

Diese Funktion holt eine Handlenummer vom AES. Es wird
ein Fenster angelegt, aber noch nicht geöffnet.

wi_crkind	Maske aus den verschiedenen Möglichkeiten:	
	Bit 0	Name: Titelzeile vorhanden.
	Bit 1	Close Window Löschfeld vorhanden.
	Bit 2	Full Window: Formatfüllfeld vorhanden.
	Bit 3	Move Window: Bewegungsfeld aktiv (Grauer Balken)
	Bit 4	Info line: Informationszeile vorhanden.
	Bit 5	Size box: Feld zur Auswahl der Fenstergröße.
	Bit 6	Uparrow: Pfeil nach oben.
	Bit 7	Dnarrow: Pfeil nach unten.
	Bit 8	Vslide: Vertikaler Schieber.
	Bit 9	Lfarrow: Pfeil nachlinks.
	Bit 10	Rtarrow: Pfeil nach rechts.
	Bit 11	Hslide: Horizontaler Schieber.
wi_crwx	X-Koordinate der linken oberen Ecke bei Maximalgröße.	
wi_crwy	Y-Koordinate der linken oberen Ecke bei Maximalgröße.	
wi_crww	Maximalbreite des Fensters.	
wi_crwh	Maximalhöhe des Fensters.	

Rückantwort:

wi_crreturn   Handle des Windows, bzw. eine negative Fehlernummer.

Wind_open(wi_ohandle,wi_owwx,wi_owwy,wi_owww, wi_owwh)

Öffnet ein Fenster und bringt es auf den Bildschirm.

wi_ohandle	Handle das durch Wind_create ermittelt wurde.
wi_owwx	X-Koordinate der linken oberen Ecke.
wi_owwy	Y-Koordinate der linken oberen Ecke.
wi_owww	Breite des Windows.
wi_owwh	Höhe des Windows.

Wind_close(wi_clhandle)

Löscht das Fenster der Handle-Nummer vom Bildschirm.

wi_clhandle	Handle Nr des Fensters.

Wind_delete(wi_dhandle)

Meldet ein Fenster komplett ab. Der Speicherbereich und das Handle werden wieder freigegeben.

wi_dhandle	Handle-Nummer.

Wind_get(wi_ghandle,wi_gfield,wi_gw1)

Ermittelt Parameter des Fensters mit dem gegebenen Handle.

wi_ghandle	Handle des Fensters.
wi_gfield	Bestimmt welcher Parameter abgefragt werden soll. Dieser wird in wi_gw1 zurückgegeben.

wi_field=8:	Position vom Hslide.
wi_field=9:	Position vom Vslide.
wi_field=10:	Handle-Nummer des obersten (also Aktiven) Fensters
wi_field=15:	Ergibt die Größe des horizontalen Schiebers im Verhältnis zur um rahmenden Box.
wi_field=16:	Ergibt die Größe des Vertikalen Schiebers im Verhältnis zur um gebenden Box.

Wind_get(wi_ghandle,wi_gfield,wi_gw1,wi_gw2,wi_gw3, wi_gw4)

Ermittelt die restlichen Fensterparameter.

wi_ghandle	Handle des Fensters.

wi_gfield	Bestimmt, welcher Parameter abgefragt werden soll. Das ERgebnis wird in wi_gw1-wi_gw4 zurückgegebgen.
	wi_field=4 Ergibt die Koordinaten des Arbeits bereichs auf dem Bildschirm.
	wi_field=5 Ergibt die Koordinaten der Gesamt größe des Fensters.
	wi_field=6 Ergibt die Koordinaten des vorherge henden Fensters.
	wi_field=7 Ergibt die Koordinaten des Fensters in seiner größtmöglichen Ausdehnung.
	wi_field=11 Ergibt die Koordinaten des ersten Rechtecks innerhalb des Fensters.
	wi_field=12 Ergibt die Koordinaten des nächsten Rechtecks innerhalb des Fensters.

Wind_set(wi_shandle)

Legt ein neues aktuelles Fenster fest.

| wi_shandle | Handle-Nummer des Fensters, das aktiv werden soll. |

Wind_set(wi_shandle,wi_sfield,wi_sw1)

Setzt Fenster-Parameter fest.

wi_shandle	Handle-Nummer des aktuellen Fensters.
wi_sfield	Bestimmt den Parameter, der gesetzt werden soll:
	wi_sfield=1 Ändert die Komponeten, die mit wind_create gesetzt wurden. In wi_sw1 stehen die dabei benötigten Daten.
	wi_sfield=8 Verändert die Position von Hslide.
	wi_sfield=9 Verändert die Position von Vslide.
	wi_sfield=15 Verändert die relative Größe von Hslide.
	wi_sfield=16 Verändert die relative Größe von Vslide.
wi_sw1	Übergibt die benötigten Daten.

Wind_set(wi_shandle,wi_sfield,wi_swline$,wi_slinmem)

Setzt Fenster-Parameter fest.

wi_shandle	Handle-Nummer des aktuellen Fensters.
wi_sfield	Bestimmt den Parameter, der gesetzt werden soll:
	wi_sfield=2 ändert den Namen des Fensters. Dieser steht in wi_swline$.
	wi_sfield=3 ändert die Infozeile des Fensters. Die neue Infozeile steht in win_sline$.
wi_sline$	Inhalt der Titel- bzw. Infozeile.
wi_slinmem	Zeigt auf eine Adresse, an der der Name in den Speicher abgelegt werden kann.

Wind_set(wi_shandle,wi_sw1,wi_sw2,wi_sw3,wi_sw4)

Setzt die neue Fenstergröße fest.

wi_shandle	Handle-Nummer des aktuellen Fensters.
wi_sw1	X-Koordinate der linken oberen Ecke.
wi_sw2	Y-Koordinate der linken oberen Ecke.
wi_sw3	Breite des Fensters.
wi_sw4	Höhe des Fensters.

Wind_set(wi_stree,wi_object)

Es wird die Adresse für eine Neuzeichnung des Desktops im Grundzustand übergeben.

wi_stree	Adresse der Objektbaumstruktur.
wi_sobject	Index des Objektes, das zuerst gezeichnet werden soll.

Wind_find(wi_fmx,wi_fmy,wi_freturn)

Ermittelt das Handle eines zumindest an einer Ecke sichtbaren Fensters.

wi_fmx	X-Koordinate des Mauszeigers.
wi_fmy	Y-Koordinate des Mauszeigers.

Rückantwort:

wi_freturn	Handle des Windows, über dem die Maus steht. Bei einer 0 steht die Maus über keinem Fenster.

Wind_update(wi_ubegend)

Es wird dem GEM-AES mitgeteilt das der Aufbau des Fensters beginnt bzw. beendet ist. Des weiteren kann dem GEM-AES mitgeteilt werden, das die Mausüberwqachung übergeben oder wieder übernommen wird.

wi_ubegend	Der Wert von 0 steht für die Beendung des Bildschirmaufbaus. 1 bedeutet, daß begonnen wird, den Bildschirm aufzubauen. Bei 2 wird die Mauskontrolle wieder an das AES übergeben, bei 3 wird sie vom Benutzer übernommen.

Wind_calc(wi_ctype,wi_ckind,wi_cinx,wi_ciny,wi_cinw, wi_cinh,wi_coutx,wi_couty,wi_coutw,wi_couth)

Berechnet die Maße eines Fensters. Bei bekanntem Arbeitsbereich wird der Umfang berechnet, sonst umgekehrt.

wi_ctype	Bei 0 wird das Gesamtausmaß, bei 1 der Arbeitsbereich berechnet.

wi_ckind	Hier muß eine Maske der Window-Eigenschaften (ie bei Wind-create) übergeben werden.
wi_cinx	X-Koordinate der linken oberen Ecke.
wi_ciny	Y-Koordinate der linken oberen Ecke.
wi_cinw	Breite des Bereichs.
wi_cinh	Höhe des Bereichs.

Rückantwort:

wi_coutx	X-Koordinate der linken oberen Ecke.
wi_couty	Y-Koordinate der linken oberen Ecke.
wi_coutw	Breite des Bereichs.
wi_couth	Höhe des Bereichs.

11.4.10   Resource Manager

Rsrc_load(re_lname$,re_lreturn)

Lädt eine Resource-Datei in den Speicher.

re_lname$	Enthält den Namen der Resource-Datei.

Rückantwort:

re_lreturn	0 steht für einen Fehler, bei 1 ist alles OK.

Rsrc_free

Entfernt eine Resource-Datei aus dem Speicher.

Rsrc_gaddr(re_gtype,re_gindex,re_gaddr)

Ermittelt die Adresse einer Datenstruktur im Speicher.

re_gtype	Art der Struktur, die gesucht werden soll. 0=Baum 1=Objekt, sonst Objekttyp.
re_gindex	Hier wird die Nummer der Datenstruktur übergeben.

Rückantwort:

re_gaddr	Adresse der Datenstruktur.

Rsrc_saddr(re_sindex,re_saddr)

Setzt die Adresse einer Datenstruktur.

re_sindex	Index der Datenstruktur.
re_saddr	Adresse der Datenstruktur.

Rsrc_obfix(re_oobject,re_otree)

Wandelt die Koordinatne einer Struktur von Buchstaben- in Zeichen-Koordinaten um.

re_oobject   Index des Objektes.
re_otree   Adresse des Objektbaumes.

11.4.11   Shell Manager

Shel_read(sh_rcmd$,sh_rtail$)

Ergibt den Namen und die Kommandozeile, mit der die Anwendung von einem übergeordneten Programm aus gestartet wurde.

sh_rcmd$ Enthält die Kommandozeile.
sh_rtail$ Enthält den dazugehörigen Pfadnamen.

Shel_write(sh_wdoex,sh_wisgr,sh_wiscr,sh_wcmd$, sh_wtail$, sh_wreturn)

Startet ein Programm.

sh_wdoex	0=GEM verlassen, 1=Anwendung starten.
sh_wisgr	0=keine Grafik-Anwendung, 1=Grafik-Anwendung
sh_wiscr	0=keine GEM-Anwendug, 1=GEM-Anwendung.
sh_wcmd$	Kommandozeile des zu startenden Programms.
sh_wtail$	Pfadname des zu startenden Programms.

Shel_get(sh_gbuff$)

Liest Daten aus dem globalen Environment-Speicher des GEM.

Rückantwort:

sh_gbuff$ Holt die Daten für das Desktop.Inf.

Shel_put(sh_pbuff$)

Schreibt Daten in den GEM-Buffer.

sh_pbuff$ Hier stehen die Parameter für das Desktop.Inf.

Shel_find(sh_fbuff$,sh_freturn)

Sucht eine Datei im Hauptdirectory und ermittelt den Pfadnamen.

Rückantwort:

sh_fbuff$	Hier steht der Pfadname, sofern die Datei gefunden wurde.
sh_freturn	0 steht für einen aufgetretenen Fehler, eine 1 für keinen.

Shel_envrn(sh_eparm$,sh_evalue$)

Sucht bestimmte Parameter innerhalb des Environmentstrings.

11.4.12   Aufrufe zum VDI

V_opnvwk

Initialisiert den Bildschirm zur Grafikausgabe: Die Parameter, die gebraucht werden, werden durch GEMLIB gesetzt.

V_clsvwk

Meldet den Bildschirm als Grafikausgabemedium ab. Parameter werden von GEMLIB gesetzt.

V_bar(x1,y1,x2,y2)

Zeichnet einen ausgefüllten Balken. Achtung: Das VDI verwendet ein anderes Format, um ein Rechteck zu definieren, als das AES.x1: X-Koordinate der linken oberen Ecke.

y1   Y-Koordinate der linken oberen Ecke.

x2   X-Koordinate der rechten unteren Ecke.

y2   Y-Koordinate der rechten unteren Ecke.

V_clwrk

Löscht den Bildschirm, die Parameter werden von GEMLIB gesetzt.

V_updwk

Aktiviert einen im Buffer befindlichen Druckertreiber für die Grafikausgabe.

Vst_load_fonts(number)

Lädt Zeichensätze nach. Beim Aufruf muß number den Wert 0 besitzen.

Rückantwort:

number   **Anzahl der geladenenen Schriftsätze.** (Funktioniert im Moment noch nicht.)

Vst_unload_fonts(0)

Löscht Zeichensätze aus dem Speicher.

Im Moment noch nicht funktionsfähig.

Vs_clip

Löscht das Clipping Rectangle. Dieses begrenzt die Grafikausgabe auf einen Bereich.

Vs_clip(x1,y1,x2,y2)

Legt den Bereich fest, in dem Grafik auf den Bildschirm ausgeben werden kann.

x1   X-Koordinate der linken oberen Ecke.
y1   Y-Koordinate der linken oberen Ecke.
x2   X-Koordinate der rechten unteren Ecke.
y2   Y-Koordinate der rechten unteren Ecke.

v_pline(x)

Zeichnet ein Polygon. Dazu müssen die Koordinaten der Eckpunkte zuvor im Array ptsin%(1,x) abgelegt werden. Für jeden Eckpunkt wird ein Koordinatenpaar benötigt.

x	Anzahl der Ecken, aus denen der Polygonzug besteht.
ptsin%(0,a)	X-Koordinate der a. Ecke.
ptsin%(1,a)	Y-Koordinate der a. Ecke.

V_pmarker(x)

Setzt Markierungen auf den Bildschirm. Auch bei dieser Funktion müssen zuvor die Koordinatenpaare im Array ptsin%(1,x) abgelegt werden.

x	Anzahl der Markierungen, die gesetzt werden sollen.
ptsin%(0,a)	X-Koordinate der a. Markierung.
ptsin%(1,a)	Y-Koordinate der a. Markierung.

V_gtext(x,y,text$)

Setzt den Grafiktext an den Koordinaten in den Bildschirm.

y	Y-Koordinate der linken oberen Ecke.
text$	Wortlaut des Textes.

V_fillarea(x)

Bringt ein ausgefüllten Polygonzug auf den Bildschirm. Die Koordinaten müssen vorher im ptsin%() Array abgelegt werden.

x	Anzahl der Ecken aus denen der Polygonzug besteht.
ptsin%(0,a)	X-Koordinate der a. Ecke.
ptsin%(1,a)	Y-Koordinate der a. Ecke.

v_cellarray(row_length,el_used,num_ros,wrt_mode, num_cols, x1,y1,x2,y2)

Definiert einen rechteckigen Bereich auf dem Bildschirm. Dieser wird in Unterbereiche unterteilt. Jedes Pixel, das in einen Unterbereich gesetzt wird, nimmt die Farbe an, die dem Unterbereich zugeordnet wurde. Funktioniert nicht in Verbindung mit monochromen Monitoren.

row_length	Länge der Zeilen im Farbarray.
el_used	Anzahl der Zonen pro Zeile.
num_ros	Anzahl der Zeilen im Farbarray.
wrt_mode	Zeichenmodus

num_cols	Anzahl der Farben. Diese werden im Intin%() Array abgelegt.
x1	X-Koordinate der linken oberen Ecke.
y1	Y-Koordinate der linken oberen Ecke.
x2	X-Koordinate der rechten unteren Ecke.
y2	Y-Koordinate der rechten unteren Ecke.

V_contourfill(x,y,index)

Füllt einen Bereich aus. Entspricht dem BASIC-Befehl Fill.

x	X-Koordinate des Punktes.
y	Y-Koordinate des Punktes.
index	Entspricht der Farbe, die eine Umgrenzung für die Füllfarbe ist. Bei einer negativen Zahl (empfohlen) gilt jede Farbe als Grenze.

V_recfl(x1,y1,x2,y2)

Zeichnet ein ausgefülltes Rechteck auf den Bildschirm.

x1	X-Koordinate der linken oberen Ecke.
y1	Y-Koordinate der linken oberen Ecke.
x2	X-Koordinate der rechten unteren Ecke.
y2	Y-Koordinate der rechten unteren Ecke.

V_circle(x,y,radius)

Bringt einen Kreis auf den Bildschirm.

x	X-Koordinate des Mittelpunktes.
y	Y-Koordinate des Mittelpunktes.
radius	Radius des Kreises.

V_ellarc(x,y,xradius,yradius,begang,endang)

Zeichnet einen Ellipsenbogen.

x	X-Koordinate des Ellipsenmittelpunktes.
y	Y-Koordinate des Ellipsenmittelpunktes.
xradius	Radius in X-Richtung.
yradius	Radius in Y-Richtung.
begang	Startwinkel in 1/10 Grad.
endang	Endwinkel in 1/10 Grad.

V_ellpie(x,y,xradius,yradius,begang,endang)

Zeichnet eine ausgefüllte Ellipsenfläche.

x	X-Koordinate des Ellipsenmittelpunktes.
y	Y-Koordinate des Ellipsenmittelpunktes.
xradius	Radius in X-Richtung.

yradius	Radius in Y-Richtung.
begang	Startwinkel in 1/10 Grad.
endang	Endwinkel in 1/10 Grad.

V_ellipse(x,y,xradius,yradius)

Zeichnet eine Ellipsenfläche.

x	X-Koordinate des Ellipsenmittelpunktes.
y	Y-Koordinate des Ellipsenmittelpunktes.
xradius	Radius in X-Richtung.
yradius	Radius in Y-Richtung.

V_rbox(x1,y1,x2,y2)

Zeichnet ein Rechteck mit abgerundeten Ecken auf den Bildschirm.

x1	X-Koordinate der linken oberen Ecke.
y1	Y-Koordinate der linken oberen Ecke.
x2	X-Koordinate der rechten unteren Ecke.
y2	Y-Koordinate der rechten unteren Ecke.

V_rfbox(x1,y1,x2,y2)

Zeichnet ein ausgefülltes Rechteck mit abgerundeten Ecken auf den Bildschirm.

x1	X-Koordinate der linken oberen Ecke.
y1	Y-Koordinate der linken oberen Ecke.
x2	X-Koordinate der rechten unteren Ecke.
y2	Y-Koordinate der rechten unteren Ecke.

V_justified (x,y,text$,word_space,char_space,length)

Gibt einen Grafiktext auf den Bildschirm aus. Dieser wird auf eine gewünschte Länge gebracht.

x	X-Koordinate der linken oberen Ecke.
y	Y-Koordinate der linken oberen Ecke.
text$	Auszugebender Text.
word_space	Bei <> 0 wird die Länge des Textes durch ein Ausgleich zwischen den Wörtern erreicht. Bei 0 bleibt der Abstand zwischen den Wörtern konstant.
char_space	Bei <> 0 wird die Wünschlänge durch einen Ausgleich der Buchstabenzwischenräume erreicht. Bei 0 wird der Buchstabenzwischenraum nicht verändert.
length	Gewünschte Länge des Textes.

Vswr_mode(mode)

Stellt den Zeichenmodus ein. Dieser gilt für die darauffolgenden Graphikbefehle.

mode=1	Replace-Modus
mode=2	Transparent-Modus.
mode=3	Xor-Modus.
mode=4	Reverse-Transparent-Modus.

Vs_color(index,rgb_inr,rgb_ing,rgb_inb)

Bestimmt den Farbton einer Farbe.

index	Farbindex.
rgb_inr	Rotanteil der Farbe (0-1000).
rgb_ing	Grünanteil der Farbe (0-1000).
rgb_inb	Blauanteil der Farbe.

vsl_type(linestyle)

Definiert einen Linienstil. Diese Definition gilt nur für eine Linienstärke von 1.

linestyle	Linienstil von 1-7.
linestyle=1	Durchgezogen.
linestyle=2	Langgestrichelt.
linestyle=3	Gepunktet.
linestyle=4	Strichpunktiert.
linestyle=5	Kurzgestrichelt.
linestyle=6	Strich Punkt Punkt.
linestyle=7	Selbstdefiniert.

vsl_udsty(pattern)

Diese Funktion erlaubt es, einen Linienstil selbst zu definieren.

pattern	16-Bit-Wort. Ein gesetztes Bit im Wort entspricht einem gesetztem Punkt in der Linie.

Vsl_width(width)

Stellt die Linienbreite ein.

width	Linienstärke in Pixeln. Width muß ungerade sein.

Vsl_color(color_index)

Stellt die Linienfarbe ein.

color_index   Gibt die Indexnummer der Farbe an.

Vsl_ends(beg_style,end_style)

Legt den Stil von Linienanfang und Linienende fest.

beg_style   Aussehen des Linienanfangs.
end_style   Aussehen des Linienendes.
                   Werte für beg_style und end_style:
                   0   Eckiges Ende.
                   1   Pfeil als Abschluß.
                   2   Rundes Ende.

Vsm_type(symbol)

Aussehen der Markierungen für die Polymarker Funktion.

Symbol=1   Punkt als Markierung.
Symbol=2   Pluszeichen.
Symbol=3   Stern als Markierung.
Symbol=4   Quadrat.
Symbol=5   Diagonalkreuz.
Symbol=6   Diamant.

Vsm_height(height)

Legt die Höhe der Markierungen fest.

height   Höhe der Markierung in Pixeln.

Vsm_color(color_index)

Stellt die Farbe der Markierungen ein.

color_index   Indexnummer der Farbe.

Vst_height(height)

Legt die Größe des Textes fest.

height   Definiert die Höhe eines Zeichens von Grundlinie bis zum
                   oberen Ende der Zeichenbox.

Vst_height(height,char_width,char_height,cell_width, cell_height)

height   Definiert die Höhe eines Zeichens von Grundlinie bis zum
                   oberen Ende der Zeichenbox.

Rückantwort:

char_width   Breite eines einzelnen Zeichens.
char_height   Höhe eines Zeichens.

| cell_width | Breite einer Zeichen-Box. |
| cell_height | Höhe einer Zeichen-Box. |

Vst_point(point)

Definiert die Texthöhe in 1/72 Zoll.

| point | Gewünschte Texthöhe. |

Vst_point(point,char_width,char_height,cell_width, cell_height)

Stellt die Texthöhe in 1/72 Zoll ein.

| point | Gewünschte Texthöhe. |

Rückantwort:

char_width	Breite eines einzelnen Zeichens.
char_height	Höhe eines Zeichens.
cell_width	Breite einer Zeichen-Box.
cell_height	Höhe einer Zeichen-Box.

Vst_rotation(angle)

Definiert die Ausrichtung des Textes. Der Bildschirm unterstützt nur die Richtungen entlang den Koordinaten-Hauptachsen.

| angle | Gewünschter Winkel in 1/10 Grad. |

vst_font(font)

Wählt einen geladenen Font als Schriftart aus.

| font | Nummer des geladenen Zeichensatzes. |

Vst_color(color_index)

Definiert die Farbe des Textes.

| color_index | Indexnummer der gewünschten Farbe. |

Vst_effects(effect)

Legt in einer Bitmaske gewünschte Testeffekte fest.

effect	Bitmaske der Effekte.	
	Bit 1	Fett
	Bit 2	Hell
	Bit 3	Kursiv
	Bit 4	Unterstrichen
	Bit 5	Umrandet
	Bit 6	Schattiert

Man darf beliebige Effekte kombinieren.

Vst_alignment(hor_in,vert_in)

Gibt an, wie der Text ausgerichtet werden soll.

hor_in	Hier gibt es drei Möglichkeiten:	
	hor_in=0	Linksbündig
	hor_in=1	Zentriert
	hor_in=2	Rechtsbündig
vert_in	Vert_in erlaubt sechs Möglichkeiten.	
	vert_in=0	Untergrenze der Zeichen-Box(char-cell).
	vert_in=1	Untergrenze der Unterlängen.
	vert_in=2	Untergrenze der Zeichen.
	vert_in=3	Obergrenze der Kleinbuchstaben.
	vert_in=4	Obergrenze der Zeichen.
	vert_in=5	Obergrenze der Zeichen-Box.

Vsf_interior(style)

Definiert die Art des Füllstils.

style=0	Leer.
style=1	Ausgefüllt.
style=2	Punktiert.
style=3	Schraffiert.
style=4	Vom Benutzer definiert.

Vsf_style(style_index)

Definiert den Index des Füllstils.

style_index	Wählt zwischen 24 Punktmustern bzw. 12 Linienmustern aus.

Vsf_color(color_index)

Stellt die Farbe ein, die ein Füllmuster besitzen soll.

color_index	Indexnummer der gewünschten Farbe.

Vsf_perimeter(per_vis)

Mit dieser Funktion kann eine Umrahmung einer Füllflä-
che ein- bzw. ausgeschaltet werden.

per_vis=0   Fläche besitzt keinen Rand.
per_vis<>0   Fläche besitzt einen Rand.

Vsf_update(x)

Definiert ein Füllmuster nach eigenen Vorstellungen.

x   Anzahl der Farben, die das Füllmuster besitzt.

Für jede Farbe müssen 16 Wörter in das Array inin%() geschrieben werden. Diese Daten beschreiben bitweise eine
Fläche von 16*16 Pixeln.

Vsin_mode(dev_type,mode)

Legt den Modus fest, in dem die Funktionen der logischen
Eingabeeinheiten funktionieren sollen.

dev_type   Nummer des logischen Eingabegeräts.
mode=1   Request-Modus
mode=2   Sample-Modus.

Vrq_locator(x,y,term,xreturn,yreturn)

Diese Funktion ermittelt die Position des Grafikcursor im
Request-Modus, d.h. sie wartet auf einen Tastendruck.

x   X-Koordinate, an der der Cursor initialisiert werden soll.
y   Y-Koordinate, an der der Cursor initialisiert werden soll.

Rückantwort:

term   Das Low-Byte enthält den ASCII-Code der gedrückten
                   Taste (=Beendung der Funktion).
xreturn   Ermittelte X-Koordinate.
yreturn   Ermittelte Y-Koordinate.

Vsm_locator(x,y,status,term,xout,yout)

Diese Funktion ermittelt die Position des Grafikcursor im
Sample-Modus.

x   X-Koordinate, an der der Cursor initialisiert werden soll.
y   Y-Koordinate, an der der Cursor initialisiert werden soll.

Rückantwort:

status=0   Keine Veränderungen.

status=1	Es wurde eine Taste gedrückt.
status=2	Koordinaten des Grafik-Cursors sind verändert worden.
status=3	Es wurden sowohl die Koordinaten geändert als auch eine Taste gedrückt.
term	Das Low-Byte enthält den ASCII-Code der gedrückten Taste (=Beendung der Funktion).
xout	Ermittelte X-Koordinate.
yout	Ermittelte Y-Koordinate.

Vrq_valuator(valuator_in,valuator_out,term)

Ermittelt die Nummer der Cursortaste im Request-Modus.

valuator_in	Initialisierter Wert.

Rückantwort:

valuator_out	Ermittelter Wert.
term	Gedrückte Taste.

Vsm_valuator(val_in,status,val_out,term)

Ermittelt die Nummer der Cursortaste im Sample-Modus.

valuator_in	Initialisierter Wert.

Rückantwort:

status=0	Keine Aktion.
status=1	Wert wurde geändert.
status=2	Taste wurde betätigt.
valuator_out	Ermittelter Wert.
term	Gedrückte Taste.

Vrq_choice(ch_in,ch_out)

Ermittelt die Nummer einer Funktionstaste im Request-Modus.

Rückantwort:

ch_out	Betätigte Funktionstaste.

Vsm_choice(status,choice_out)

Ermittelt eine Funktionstaste im Sample-Modus.

Rückantwort:

status=0	Keine Taste betätigt.
status=1	Es wurde eine Taste betätigt.
choice_out	Nummer der Funktionstaste.

Vrq_string(max_length,echo_mode,echo_x,echo_y,text$)

Liest einen String von der Tastatur. Als Ende wird die Return-Taste bzw. das Überschreiten der Länge gewertet.

max_length	Maximale Länge des String.
echo_mode=1	Zeichen werden gleichzeitig auf dem Bildschirm ausgegeben.
echo_mode=0	Zeichen werden nur in den String geschrieben.
echo_x	X-Koordinate, ab der das Echo auf den Bildschirm gebracht werden soll.
echo_y	Y-Koordinate, ab der das Echo auf den Bildschirm gebracht werden soll.

Rückantwort:

text$	Enthält den eingegebenen String.

Vsm_string(max_length,echo_mode,echo_x,echo_y,text$)

Entspricht der Funktion Vrq_string.

Vsc_form(x,y,1,maskcol,datcol,data$)

Definiert den Mauszeiger neu.

x	X-Koordinate des Hot Spot.
y	Y-Koordinate des Hot Spot.
maskcol	Farbindex der Mausmaske.
datcol	Farbindex des Mauszeigers.
data$	Übergibt die Form von Mausmaske und Mauszeiger. (Insgesamt 32 Wörter für die Daten von Maske und Zeiger.)

Vex_timv(adresse,milliseconds)

Verändert den Interrupt-Vektor.

adresse	32-Bit-Wert, entspricht der Adresse, auf die der Interruptvektor gelenkt werden soll.

Rückantwort

adresse	Enthält die alte Adresse, auf die der Interruptvektor gezeigt hat.
milliseconds	Zeitaum zwischen zwei Interrupt-Aufrufen.

V_show_c(flag)

Schaltet den Mauszeiger ein.

flag=0	Aufrufe von v_hide_c werden ignoriert.
flag=1	Mauszeiger wird erst dann aktiviert, wenn ebensoviele V_show_c-Aufrufe stattfanden wie V_hide_c-Aufrufe.

V_hide_c

Schaltet den Mauszeiger ab (siehe auch V_show_c).

Vq_mouse (butstate,x,y)

Ermittelt den Zustand der Mausknöpfe sowie die Koordinaten des Mauszeigers.

Rückantwort:

butstate	Enthält den Status der Maustasten
x	X-Koordinate des Mauszeigers.
y	Y-Koordinate des Mauszeigers.

Vex_butv(adresse)

Tauscht den Mausknopfvektor aus.

adresse	Zeigt auf die neue Mausknopfroutine.

Rückantwort:

adresse	Enthält die Adresse der alten Mausknopfroutine.

Vex_motv(adresse)

Tauscht den Mausbewegungsvektor aus.

adresse	Zeigt auf die neue Mausbewegungsroutine.

Rückantwort:

adresse	Enthält die Adresse der alten Mausbewegungsroutine.

Vex_curv(adresse)

Tauscht den Vektor auf die Aufbauroutine der Maus aus.

adresse	Zeigt auf die neue Routine zum Aufbau der Maus.

Rückantwort:

adresse	Enthält die Adresse der alten Routine.

Vq_key_s(pstatus)

Diese Funktion übergibt den Status der Shiftkeys.

Rückantwort:

pstatus	Status der Shiftkeys.

Vrt_cpyfm(p_src_mfdb,p_des_mfdb,wr_mode,color1, color0, xsource,ysource,x2source,y2source,xdest, ydest,x2dest,y2dest)

Kopiert ein einfarbiges Raster in ein farbiges Raster.

p_src_mfdb	Adresse des Memory Format Definition Blocks des Quellrasters als Langwort.
p_def_mfdb	Adresse des Memory Format Definition Blocks des Zielrasters als Langwort.
wr_mode	Zeichenmodus.
color1	Farbindex der gesetzten Pixel.
color0	Farbindex der nicht gesetzten Pixel.
xsource	X-Koordinate der linken oberen Ecke des Quellrasters.
ysource	Y-Koordinate der linken oberen Ecke des Quellrasters.
x1source	X-Koordinate der rechten unteren Ecke des Quellrasters.
y1source	Y-Koordinate der rechten unteren Ecke des Quellrasters.
xdest	X-Koordinate der linken oberen Ecke des Zielsters.
ydest	Y-Koordinate der linken oberen Ecke des Zielsters.
x1dest	X-Koordinate der rechten unteren Ecke des Zielrasters.
y1dest	Y-Koordinate der rechten unteren Ecke des Zielrasters.

Vro_cpyfm(p_src_mfdb,p_des_mfdb,wr_mode,xsource, ysource,x2source,y2source,xdest,ydest,x2dest,y2dest)

Kopiert einen Bitblock

p_src_mfdb	Adresse des Memory Format Definition Blocks des Quellrasters als Langwort.
p_def_mfdb	Adresse des Memory Format Definition Blocks des Zielrasters als Langwort.
wr_mode	Zeichenmodus.
xsource	X-Koordinate der linken oberen Ecke des Quellrasters.
ysource	Y-Koordinate der linken oberen Ecke des Quellrasters.
x1source	X-Koordinate der rechten unteren Ecke des Quellrasters.
y1source	Y-Koordinate der rechten unteren Ecke des Quellrasters.
xdest	X-Koordinate der linken oberen Ecke des Zielsters.
ydest	Y-Koordinate der linken oberen Ecke des Zielsters.
x1dest	X-Koordinate der rechten unteren Ecke des Zielrasters.
y1dest	Y-Koordinate der rechten unteren Ecke des Zielrasters.

vr_trnfm(p_src_mfdb,p_des_mfdb)

Wandelt einen Bitblock von der Standardform in eine Geräteeigene Form um.

p_src_mfdb	Adresse des Memory Format Definition Blocks des Quellrasters als Langwort.
p_def_mfdb	Adresse des Memory Format Definition Blocks des Zielrasters als Langwort.

V_get_pixel(x,y,pel,index)

Ermittelt den Farbwert eines Bildschirmpunktes.

x	X-Koordinate des zu überprüfenden Punktes.
y	Y-Koordinate des zu überprüfenden Punktes.

Rückantwort:

pel	Wert des Pixels
index	Indexnummer der Pixelfarbe.

Vq_extend(flag)

Ergibt 57 Informationen über die verwendete Gerätstation. Die Werte stehen im Intout%() bzw. Ptsout%() Array.

Flag=0	Ergibt die Werte wie bei "Open Workstation"
Flag=1	Eigentliche "Extended Inquiry".

Vq_color(color_index,set_flag,index,rgb_r,rgb_g,rgb_b)

Stellt die Farbzusammensetzung für den spezifizierten Farbindex fest.

color_index	Indexnummer der Farbe.
set_flag=0	Ergibt den übergebenden Farbindex.
set_flag=1	Ergibt den realisierten Farbindex.

Rückantwort:

index	Indexnummer der Farbe.
rgb_r	Rotanteil der Farbe in 1/1000.
rgb_g	Grünanteil der Farbe in 1/1000.
rgb_b	Blauanteil der Farbe in 1/1000.

Vql_attributes(line_type,color_index,write_mode, beg_style, end_style,line_width,void)

Ermittelt die eingestellten Linienattribute.

Rückantwort:

line_type	Nummer des aktuellen Linienstils.
color_index	Indexnummer des eingestellten Farbwertes.
write_mode	Eingestellter Zeichenmodus.
beg_style	Linienendform am Start der Linie.
end_style	Linienendform am Ende der Linie.
void	Wird immer zu Null übergeben.

vqm_attributes(polymarker_type,color_index, write_mode, polymarker_width,polymarker_height)

Ermittelt die eingestellten Attribut des Polymarkers.

Rückantwort:

polymarker_typ	Nummer des Markierungstyps.
color_index	Indexnummer der eingestellten Farbe.
write_mode	Zeichenmodus.
polymarker_width	
	Breite des Polymarkersymbols.
polymarker_height	
	Höhe des Polymarkersymbols.

Vqf_attributes(interior_style,color_index,style_index, write_mode,perimeter_style)

Ermittelt die Attribute der Füllfunktion.

Rückantwort:

interior_style	Ergibt den eingestellten Füllmustertyp.
color_index	Indexnummer der Füllmusterfarbe.
style_index	Indexnummer des Füllmusterstils.
write_mode	Eingestellter Zeichenmodus.
perimeter_style	Eingestellter Status der Umrandung.

Vqt_attributes(text_face,color_index,rot_angle, hor_alignment,vert_alignment,write_mode,char_width, char_height, cell_width,cell_height)

Rückantwort:

text_face	Nummer des eingestellten Zeichensatzes.
color_index	Indexnummer der eingestellten Farbe.
rot_angle	Eingestellter Textwinkel.
hor_alignment	Horizontale Textausrichtung.
vert_alignment	Vertikale Textausrichtung.
write_mode	Eingestellter Zeichenmodus.
char_width	Breite eines Buchstabens.
char_height	Höhe eines Buchstaben.
cell_width	Breite einer Zeichen-Box.
cell_height	Höhe einer Zeichen-Box.

Vqt_extent(text$,dx1,dy1,dx2,dy2,dx3,dy3,dx4,dy4)

Ermittelt die Ausmaße des spezifizierten Strings.

text$	String, der vermaßt werden soll.

Rückantwort:

dx1	X-Koordinate der linken unteren Ecke des Strings.
dy1	Y-Koordinate der linken unteren Ecke des Strings.
dx2	X-Koordinate der rechten unteren Ecke des Strings.
dy2	Y-Koordinate der rechten unteren Ecke des Strings.
dx3	X-Koordinate der linken oberen Ecke des Strings.
dy3	Y-Koordinate der linken oberen Ecke des Strings.
dx4	X-Koordinate der rechten oberen Ecke des Strings.
dy4	Y-Koordinate der rechten oberen Ecke des Strings.

Vqt_width(character,ade,cell_width,left_delta, right_delta)

Ermittelt die Größe eines Zeichens.

character	Zu messendes Zeichen.

Rückantwort:

ade	Vermessenes Zeichen oder -1
cell_width	Breite der Zeichen-Box.
left_delta	Abstand des Zeichens vom linken Rand der Zeichen-Box.
right_delta	Abstand des Zeichnes vom rechten Rand der Zeichen-Box.

Vqt_name(element_num,index,name$)

Liefert die Beschreibung eines Zeichensatzes.

element_num	Nummer des gewünschten Fonts.

Rückantwort:

index	sog. "face ID"
name$	Ergibt den Font-Namen im Klartext.

Vq_celarray(x,y,x2,y2,row_length,num_rows,el_used, rows_used,status)

x	X-Koordinate der unteren linken Ecke des Pixel Arrays.
y	Y-Koordinate der linken unteren Ecke des Pixel Arrays.
x2	X-Koordinate der rechten oberen Ecke des Pixel Arrays.
y2	Y-Koordinate der rechten oberen Ecke des Pixel Arrays.
row_length	Länge der Zeilen im Farb Array.
num_rows	Anzahl der Zeilen im Farbarray.

Rückantwort:

el_used	Anzahl der benutzten Zonen.
rows_used	Anzahl der benutzten Zeilen.
status:	Das Array Intout%() enthält die verwendeten Farbindizes.

Vqin_mode(dev_type,input_mode)

Ermittelten den aktuellen Eingabemodus.

Rückantwort:

dev_type	Gibt das logische Eingabegerät an.
input_mode=1	Requestmodus.
input_mode=2	Samplemodus.

Vqt_fontinfo(min_ade,max_ade)

Ermittelt Informationen über den Zeichensatz.

Rückantwort:

min_ade	Erstes Zeichen im Font.
max_ade	Letztes Zeichen im Font.

vq_chcells(rows,columns)

Ermittelt die Anzahl von Zeilen und Spalten im Bildschirm.

Rückantwort:

rows	Anzahl der Zeilen.
columns	Anzahl der Spalten.

V_exit_cur

Schaltet den Cursor aus.

V_enter_cur

Schaltet den Cursor ein.

V_curup

Setzt den Cursor eine Zeile nach oben.

V_curdown

Setzt den Cursor eine Zeile nach unten.

V_curright

Setzt den Cursor eine Spalte nach rechts.

V_curleft

Setzt den Cursor eine Spalte nach links.

V_curhome

Setzt den Cursor auf die Home-Position.

V_eeos

Löscht den Bildschirm ab der Cursorposition.

V_eeol

Löscht den Rest der Zeile.

V_curaddress(y,x)

Setzt den Cursor an die angegebene Bildschirmposition.

y   Nummer der Zeile in die der Cursor gesetzt wird.
x   Nummer der Spalte in die der Cursor gesetzt wird.

V_curtext(text$)

Gibt den Text ab Cursorposition aus.

text$ Auszugebender Text.

V_rvon

Schaltet den Reverse-Modus ein.

V_off

Schaltet den Reverse-Modus aus.

Vq_curaddress(y,x)

Ermittelt die Cursoraddresse.

Rückantwort:

y   Zeile, in der der Cursor steht.
x   Spalte, in der der Cursor steht.

Vq_tabstatus(Status)

Testet, ob die Maus eingeschaltet ist.

Rückantwort:

status=0:   Keine Maus
status=1:   Maus eingeschaltet.

V_hardcopy

Gibt eine Hardcopy auf dem Drucker aus.

V_dspcur(x,y)

Setzt den Mauscursor an eine Position und schaltet ihn an.

x   X-Koordinate des Grafikcursors.

y   Y-Koordinate des Grafikcursors.

V_rmcur

Mauszeiger abschalten.

V_form_adv

Führt einen Format Vorschub aus.

V_output_window(x,y,x2,y2)

Gibt einen Bildschirmausschnitt als Hardcopy aus.

x   X-Koordinate der linken oberen Ecke.
y   Y-Koordinate der linken oberen Ecke.
x2   X-Koordinate der rechten unteren Ecke.
y2   Y-Koordinate der rechten unteren Ecke.

V_clear_disp_list

Für Drucker: Löscht den Inhalt des Druckerpuffers.

Vs_palette(palette)

Wählt Farben auf einem IBM-Drucker aus.

palette   0 oder 1.

Vqp__Films(Film__name$)

Erfragt Filmtypen des Treibers.

Film_name$ Enthält insgesamt 5 Strings (Gesamtlänge 125 Bytes).

Vqp__state

Ermittelt den Status des Paletten-Treibers. Dieser wird im Intout%() Array von (0-20) zurückgegeben.

Vsp__style

Setzt den Status des Paletten-Treibers. Dieser muß im Intin%() Array von (0-20) übergeben werden.

Vsp__save

Speichert den Paletten-Treiber.

Vsp__message

Schaltet die Meldungen des Paletten-Treibers ab.

Vqp__error(errnum)

Liest einen Fehler des Paletten-Treibers.

errnum   Fehlernummer

11.5 GEMDOS-Fehlermeldungen

\# 1   Allgemeiner Fehler
\# 2   Laufwerk nicht bereit
\# 3   Befehl nicht bekannt
\# 4   Prüfsummen-Fehler
\# 5   Falsche Rückmeldung (Befehl ungültig)
\# 6   Suchfehler (Sektor nicht vorhanden)
\# 7   Unbekannter Bootsektor
\# 8   Sektor nicht gefunden
\# 9   Druckerfehler (kein Papier mehr vorhanden)
\#10   Fehler beim Schreiben
\#11   Fehler beim Lesen
\#12   Allgemeiner Fehler

#13 Diskette ist schreibgeschützt
#14 Diskette ist gewechselt worden
#15 Gerät unbekannt
#16 Prüffehler (Sektor-Verify)
#17 Keine Diskette vorhanden
#32 Funktionsnummer ist ungültig
#33 Datei nicht gefunden
#34 Pfad/Pfadname nicht gefunden
#35 Zu viele Dateien offen. Es können keine weiteren geöffnet werden
#36 Zugriff nicht möglich
#37 Handle-Nummer ist ungültig
#39 Vorhandener Speicherplatz reicht nicht aus
#40 Speicherblockadresse ist ungültig
#46 Laufwerksbezeichnung ist ungültig
#49 Keine weiteren Dateien vorhanden

11.6   Omikron-BASIC Fehlermeldungen

1 Structure too long

Zwischen zwei Strukturwörtern (FOR..NEXT, REPEAT..UNTIL etc) befinden sich mehr als 64 KByte Programmtext.

2 Syntax error

Omikron-BASIC kann den Befehl nicht verstehen. Es handelt sich wahrscheinlich um einen Tippfehler.

3 RETURN without GOSUB

Omikron-BASIC ist auf den Befehl RETURN gestoßen ohne vorher einen GOSUB-Befehl ausgeführt zu haben.

4 Out of DATA

Ein READ-Befehl war nicht in der Lage, ein DATA einzulesen. Wahrscheinlich ist die Anzahl der DATAs nicht korrekt.

5 Illegal function call

Ein Befehl bzw. eine Funktion wurden in einer Weise gebraucht, auf die sie nicht verwendet werden dürfen.

6 Overflow

Der Rechenbereich des Variablentyps ist überschritten worden.

7 Out of memory

- Kein Speicherplatz für weitere Variablen.
- Kein Platz auf dem Prozessor-Stack.

8 Undefined Statement

Das Sprungziel ist nicht definiert.

9 Subscript out of range

Es wird ein nicht vorhandenes Element eines Variablenfeldes angesprochen.

10 Duplicate definition

Ein Name einer Procedur oder Funktion wird doppelt verwendent.

11 Division by zero

Es wurde versucht, durch Null zu teilen.

12 Illegal direct

Der Befehl darf nicht im Direktmodus gegeben werden.

13 Type mismatch

Falscher Variablentyp. Es wurde versucht, eine Variable mit einem ungeeigneten Inhalt zu laden.

14 RETURN without function

Der Interpreter ist auf ein RETURN Wert gestoßen, ohne daß eine Funktion aufgerufen wurde.

15 String too long

Eine Stringvariable enthält mehr als 32766 Zeichen.

16 Formula too complex

Eine Berechnung ist zu kompliziert und verbraucht zuviel Stack-Bereich. (Entweder die Berechnung vereinfachen oder aber mit CLEAR den Stack-Bereich vergrößern.)

17 Can't continue

Kein CONT mehr möglich. Entweder wurden zuviele Tippfehler produziert oder es wurde eine Programmzeile verändert.

18 Undefined user function

Eine Funktion dieses Namens wurde nicht definiert.

19 No RESUME

Das Programm stößt innerhalb einer eigenen Fehlerroutine (ON ERROR) auf das Programmende.

20 RESUME without error

Das Programm stößt auf ein RESUME, ohne daß eine Verzweigung durch ON ERROR stattfand.

21 Use EXIT

Bei Omikron-BASIC dürfen Schleifen nur durch den EXIT-Befehl verlassen werden.

22 Missing operand

Nach einem Komma muß ein Wert kommen. Gleiches gilt für ein Rechenzeichen.

23 Line buffer overflow

Eine Programmzeile darf bei der Eingabe maximal 255, beim auflisten maximal 512 Zeichen besitzen.

24 REPEAT without UNTIL

Eine REPEAT-Schleife wurde geöffnet, es findet sich jedoch kein UNTIL dazu.

25 UNTIL without REPEAT

Das Programm hat ein UNTIL ohne ein REPEAT gefunden.

26 FOR without NEXT

Es wurde eine FOR-Schleife begonnen, Omikron-BASIC kann jedoch kein NEXT finden.

27 NEXT without FOR

Omikron-BASIC hat ein NEXT-Statement gefunden, zu dem es kein FOR kennt.

28 IF without THEN or ENDIF

- Bei einem IF-Befehl fehlt das THEN-Statement.
- Eine mehrzeilige IF-Abfrage wird nicht ordnungsgemäß mit ENDIF beendet.

29 WHILE without WEND

Zu einer WHILE-Schleife existiert kein WEND.

30 WEND without WHILE

Es wurde ein WEND ohne ein dazugehöriges WHILE gefunden.

31 THEN, ELSE or ENDIF without IF or THEN

Zu einem THEN, ELSE oder ENDIF gibt es kein IF bzw. für ein ELSE oder ein ENDIF fehlt das THEN.

33 Reset

Sie haben ein Reset ausgelöst. Ihr Programm bleibt zwar erhalten, doch werden alle Variablen gelöscht.

Dieser Fehler existiert nur bei der Modulversion von Omikron-BASIC. Bei der Diskettenversion landen Sie im Desktop, das Programm ist verloren.

34 Bus error

Ein aufgerufenes CALL oder USR-Programm verursacht einen Bus-Fehler.

35 Adress error

Adreßfehler bei einem durch CALL oder USR aufgerufenen Programm. Ein DPEEK, DPOKE, LPEEK oder LPOKE mit einer ungeraden Adresse verursacht ebenfalls diesen Fehler.

36 Unknown opcode

In einem durch CALL oder USR aufgerufenen Maschinenprogramm kommt ein unbekannter Maschinenbefehl vor.

45 EXIT without Structure

Der Befehl EXIT soll ausgeführt werden, obwohl weder ein Unterprogramm aufgerufen noch eine Schleife offen ist.

46 Use EXIT TO in functions

Innerhalb einer mehrzeiligen Funktion darf nur EXIT TO verwendet werden.

47 Not regular Matrix

Es wurde versucht, eine irreguläre Matrix zu invertieren. Für eine solche Matrix gibt es keine inverse. (Probe: Determinante=0 ? -> nicht invertierbar).

50 Field overflow

In einer Field-Anweisung wurden zuviele Daten verwendet.

52 Bad file number

Dateien dürfen nur die Zahlen von 1 bis 16 erhalten.

53 File not found

Die gewünschte Datei wurde nicht gefunden.

54 Bad file mode

Sie haben versucht, eine für die verwendete Datei nicht erlaubte Operation durchzuführen. Beispiel: In eine zum Lesen geöffnete Datei darf nicht geschrieben werden.

55 File already open

Ein bereits geöffneter Datenkanal soll erneut geöffnet werden. (Sie verwenden mehrmals die gleiche Kanalnummer.)

56 File not open

Eine Datei muß geöffnet werden, bevor man auf sie zugreifen kann.

57 TOS error #XX

Ein GEMDOS-Fehler der Nummer #XX ist aufgetreten. Siehe 10.5.

61 Disk full

Auf der verwendeten Diskette oder Festplatte ist nicht mehr genügend Speicherplatz vorhanden.

62 Input past end

Es wurde versucht, mehr Daten aus einer sequentiellen Datei zu lesen, als dort vorhanden sind. Fragen Sie mit EOF das Datei-Ende ab.

63 Bad record number

Es wurde versucht, innerhalb einer Random-Access-Datei auf einen Datensatz zuzugreifen, der die Kapazität des GEMDOS sprengen sollte.

64 Bad file name

Sie haben versucht innerhalb eines Dateinamens ein unerwünschtes Zeichen wie Punkt, Komma, Semikolon oder Doppelpunkt zu verwenden.

66 Direkt statement in file

Ein Programm, das in den Bildschirm-Editor geladen werden soll, enthält Zeilen ohne Zeilennummern. Laden Sie dieses Programm mit Shift-F8 in den Full-Screen-Editor. Dort können Sie die Zeilennummern ergänzen.

67 Too many files

Ein Disketteninhaltsverzeichnis hat nur einen begrenzten Platz für Einträge. Bevor Sie auf diese Diskette wieder ein Programm abspeichern können, müssen Sie erst durch KILL einige Einträge (bzw. ganze Programme) von der Diskette entfernen.

12. Index

I

J

K

L

231

R

S

Z

Ein Buch für jeden, der das Betriebssystem der Zukunft verstehen, anwenden und die gigantische GEM-Bibliothek nutzen will! Grundlegende Informationen wie die Organisation des GEM im ATARI ST, die verwendbaren Programmiersprachen, die Funktionen des Virtual Device Interface und des Application Evironment System sind ausführlich und detailliert erklärt.

Aus dem Inhalt:
- GEM-Programmierung in Assembler, C und GfA-BASIC
- Objektbäume und Formulare in GfA-BASIC
- RCS-Bedienung
- Programmierung von Slider-Objekten
- Erstellen eigener GEM-Bindings
- Dokumentation sämtlicher AES-Funktionen
- Listing ausgewählter AES-Routinen
- Kommentiertes VDI-ROM-Listing

Abraham, Englisch, Günther, Szczepanowski
Atari ST GEM
Hardcover, 691 Seiten, DM 69,–
ISBN 3-89011-251-X

In der Regel klappt sie phantastisch, die Arbeit mit dem Computer.
Und für Zweifelsfälle hat man ja bereits eine ansehnliche Bibliothek
nützlicher Literatur. Doch immer wieder – mitten in der Arbeit –
passiert es: Man sucht nach einem bestimmten Kommando. Irgendwo
im Handbuch, oder stand es in einem Computermagazin... Der
Arbeitsfluß ist unterbrochen. Man versucht sich zu erinnern, durch-
wühlt den riesigen Literaturberg, sucht einen Hinweis. HILFE. Genau
die bekommen Sie von den neuen DATA BECKER Führern. Ein gezielter
Griff und Sie haben die gewünschte Information. Hier finden sie
umfassend alles auf einem Blick. Zu Ihrem Rechner oder auch zur
entsprechenden Software. Das sind die ersten DATA BECKER Führer:

**Der DATA
BECKER Führer
zu ATARI ST**

**240 Seiten
DM 29,80**

**Der DATA
BECKER Führer
zu GFA BASIC**

**256 Seiten
DM 24,80**

**Der DATA
BECKER Führer
zu 1st Word**

**192 Seiten
DM 24,80**

**Der DATA
BECKER Führer
zu SIGNUM!**

**144 Seiten
DM 29,80**